生活的修行

JANET LAU —————— 著

林曉晴 —————— 插畫

推薦序——常展法師

翻開《生活的修行》，就像走進Janet的生命旅程，透過她的文字，我看見一條從困惑到覺醒，從受傷到療癒的路徑。這不僅是一本教導正念的書，更是一座連接古老佛法的智慧與當代人生活現實的橋。Janet以真誠的經驗分享和創新的表達方式，讓修行不再是高僧大德的專利，而是每個人都能觸及的生命實踐。

在第一和第二章，她以婚姻、父女關係、姊弟互動這些生命中的課題為例，打開每個人內心深處的共鳴。她坦然分享這些看似破碎的經歷，在誠懇中展現出一種珍貴的力量。佛法的經典就像一張地圖，為我們指引著方向。Janet透過數學公式創新地詮釋了無我與無常的關係，提醒我們：雖然方向不變，但每個時代的人都會走出不同的路途。她的文字讓人感受到佛法在時代中流轉的靈活性與生命力。

在第二章，Janet探討關係中的平衡與抉擇，尤其是〈情義兩難全？〉的經典場景——她即使拒絕父親送來的食物，卻仍寫下一封真誠的感謝信。這種對情感的細膩處理，讓我印象深刻。她在書中提醒我們，情緒無所謂好壞，只有適當與否。如果我們不懂得轉化內心的傷痕，便可能將它交給下一代。修行的意義，正是超越這種矛盾和兩難，讓我們學會如何與自己、與他人和解。

第三章裡，Janet 不僅示範如何進行心靈修煉，還以具體步驟讓讀者循序漸進地嘗試。我特別欣賞她的自我反思，這是一位修行人應有的態度：勇敢面對內心的難題，並用行動積極回應。我自己也曾在避世與入世之間掙扎，曾無數次在深入的覺察中體會到生命的圓滿，也無數次將它遺忘。Janet 的文字提醒我，修行不一定一往無前，起伏跌宕的生活本身就是最好的道場。

第四章更是讓人驚喜。Janet 從生活的小處著眼，發現修行的契機。她分享當她做自己嚮往的工作時，會忘記自己正在工作。這種超越「工作」和「非工作」

的二元對立，不僅是對涅槃的創新詮釋，更是對生命的禮讚。最後一篇〈給年輕的我的一封信〉特別令我感動，這封信不僅是她對自己的承諾，也是對每位讀者的祝福。她用愛與勇氣走過生命歷程，讓人由衷地為她感到歡喜。

看著Janet真誠和踏實地從自身的生活經驗出發，鍥而不捨地撰寫文章，帶領各種修行活動，我彷彿看見她正在走向一條更豐盛的人生旅程。真正的佛法不會懼怕時代的濾鏡，因為無論是社交平台的限時動態，還是山門內的禪院鐘聲，它都能折射出智慧的光芒。願我們在一次次「已讀」與「分享」之間，織出一張互即互入的法界網絡，共同迎接每一個修行的晨曦。

常展法師
法鼓山香港道場監院

推薦序——陳雪梅

人都愛追求完美，但人生總會面對各種各樣的缺陷和不愉快事。當痛苦、恐懼、嫐怒、怨恨來襲時，有人選擇逃避；有人勇於面對。Janet 絕對是後者。

認識 Janet 是在她的第一本著作出版後的訪問，距今差不多十餘年了。年輕的她已忠於自己的情緒。她很想找出恐懼背後隱藏的底蘊：自己到底怕什麼？恐懼究竟從何而來……

她鍥而不捨地學習正念、禪修。她修讀香港大學佛學研究碩士課程，跟隨一行禪師的教導，對如何認識、面對、接受、轉化情緒有很深入的研究與探討。

自《溫暖人間》雜誌邀請她撰寫〈關係中的禪修〉一欄已多年。文章中，她不斷探索生活裡情緒的起伏變化，與讀者像剝洋蔥似的，一層一層地剖析情緒的成因（因）與生成的條件（緣），再從佛學知識中尋找情緒的出口。她更毫不保留地與讀者分享自己的探索所得。

早期的文章，還隱隱約約地感受到她對生活中的不完美感到委屈與無奈。近年閱讀她的文章，發現她已將正念和禪修，深深地與生活結合。雖說不上是得心應手，但已找到情緒的出口，可以輕鬆放過自己的不完美了。

在這些文章當中，她分享了初為人母的忐忑，從兒子學走路的過程，領悟出挫折並非壞事。讓我印象最深刻的文章，是她分享在疫情期間入住竹篙灣隔離營的感受。各人都有難處，沒有所謂對與錯。面對突如其來的逆境與無常，生氣、憤怒、害怕都無濟於事，倒不如修正自己對應外在人事物的態度，透過認知不同關係，切身理解對方的處境。如實地面對難關，或許會讓人好過些。

我很喜歡文章中的一句——「我們需要練習，確認到世上有很多自己控制不到的東西。」當無常來襲時，就能容易面對了。在紛亂多變的歲月中，我們尤其需要掌握這種心智。

Janet 不僅抽絲剝繭，為讀者分析各種情緒的因和緣，她還以深入淺出的方法介紹佛法正念，提出很多如何處理情緒與關係的良好建議。

我更喜歡本書最後一篇〈給年輕的我的一封信〉，人人都會害怕自己所做的一切不盡如人意，達不到自己和心愛人的要求，因此出現各種負面情緒。她告訴我們，只要保持真善美的初心，認知自己的能力已做到最好，接納世上獨一無二的你，人生豈有不完美。

當然，一切還需建基於多練習正念，共勉！

陳雪梅

《溫暖人間》編輯顧問

自序

十年前閱讀《溫暖人間》雜誌時，成為其中一位專欄作家是我夢寐以求的事。沒想到幾年後願望成真，被邀請撰寫〈關係中的禪修〉一欄，更沒想過一寫就寫了六、七年。雖然自己對靈性修行非常認真，但因為我不覺得靈性修行止於某個教派（無論瑜伽、佛教、基督教或其他宗教學說等），所以認為自己並不是一個非常「佛」的人。我因此一直擔心自己能否持續寫出「夠佛」的文章，也擔心寫得不「夠佛」而被「叮走」。

直到幾個月前，跟《溫暖人間》其中一位創辦人Elaine在短訊往來間寒暄，她首次回饋，說我的稿件寫得越來越有內涵。這句話令我感受良多及感動非常。我老實跟她分享，其實自己掙扎了好幾年，直至這兩年才終於放下要寫「《溫暖人間》的稿」的執著，開始只分享生活點滴以及當中的領悟與反思。她覺得從文章中，能看到我對靈性追求的熱誠，反而覺得我的思維模式非常適合寫稿。

這個對話很適合作為本書的開端：當你太在意自己做得好不好（無論是工作、某個角色、學業、任何創意設計以及面對生命和關係的課題等），反而會變成一個障礙。當你放下應該不應該、好不好，真心誠意、從心而發、勇敢地踏出每一步，你會發現原來人生可以那麼輕鬆，幸福是唾手可得，以及愛原來一直都在身邊。

這六、七年裡，我的確經歷不少：從懷孕、初為人母、產後重新探索「我是誰」、患上長達三年的痛症，到離婚、成為單親媽媽，展開人生新一頁。每篇文章有如心靈日記，記錄著每個不安的情緒、每個喜悅與平安、在困境裡的迷惘、對順境的感恩、跌倒的挫敗以及智慧的領悟。

準備此書時需多次翻看往日的文章，我發現自己成長了不少。以前每刻都在不同的領域中求進步，但這幾年我慢慢領會到，過分努力改變自己，反而會形成無止境的自我批判及自我不滿足。有一席話是很好的提醒，也藉此機會跟其他努力自我提升的朋友分享：「『想成為』是一種比較與競爭，越是沉迷追求，往往伴隨『無法接受當下的自己』。」努力追求內在的成長確是好，不過其實更重要的是學習看到，並懂得真心欣賞此刻（無論內在或外在的事情）的美好。

提到修行或自我提升，當中涉及一堆充滿儀式感的練習：坐禪、瑜伽、行禪、禪食、唸經、大禮拜、燒香、拜佛、祈禱、感恩、寫日記等。適當的恆常練習的確可以幫助我們提高覺察力及平靜心靈，但我覺得這些「功課」必須要銜接生活，才能發揮真正的功用與價值，否則它們只是一些待辦事項而已。

大家都知道樹木是往上生長的，但忽略它往上爬升的同時，根部也往下扎根。靈性修行猶如大樹的生長方式：我們會羨慕他人的智慧及光芒，批判自己的不善巧，卻不知每個智者在背後面對個人陰暗面時的辛酸。跟恐懼、執著、憤怒、困惑、懷疑、迷失及盲點屢戰屢敗、屢敗屢戰，接觸內在陰暗面的「地基工程」一點也不好玩。但若果我們不願意面對內在的陰暗面，我們也無法讓真正的光芒綻放出來。當你下次遇到困惑的時候，記得這只是一個建設地基的必經階段。

出版此書的目的，是希望它能成為你在靈性道路上的其中一個修行夥伴，陪伴你度過人生各種高低起伏。在這個認識自己，探索生命的過程中，希望你可以發現自己的能力，可以從低谷中學習謙卑與信任，可以擁有重新開始的勇氣。更重要的是，可以發現及相信內在已有的智慧。

我有幾個運用此書的方法建議。你可以因應此刻的生命課題，選出適合的文章作參考；又或是將書放在床頭，每晚睡前或起床後讀一篇。你亦可以在〈心靈的修煉〉中選擇一篇文章，來成為一週或一個月的修煉及反思主題。過程中，你可以跟朋友／伴侶／家人分享、討論，以及一起練習，相信一起走會走得更遠。最重要的是，聆聽內心覺得最適合的方法並實行。

你並不孤獨，你也並不奇怪。你所遇到的困難與挫折，並不是因為你的資質或領悟力差，而是因為你活在一個無常的世界，一個不斷轉變的世界，一個需要你不斷學習適應與調適的世界而已。希望此書能成為你的生活小錦囊，幫助你面對生命的無常，助你慢慢釐清內在的想法與信念，讓你更能聽懂內心的訊息，勇敢地活出自己的人生。

在靈性路上跌跌撞撞近二十年，我發現這世界沒有絕對好或壞的選擇，希望藉著盡量有覺知的選擇，讓你更接近自己的心靈。當身口意越能夠與內在聲音同步時，人就會越自在。雖不能保證生活一帆風順，但我可以肯定，即使遇到不同事情與轉變，也可以悠然自得、幸福自在。

在此送上衷心的祝福：

願你幸福，願你平安，
願你安詳，願你健康，
願你發現自己的美善，
願你活出生命的彩虹。

同路人 JANET

推薦序

自序

第一章 生命中必須面對的課題

目錄

第二章　尋找關係的平衡點

第三章　心靈的修煉

目錄

第四章　從心出發

生活的修行

但願各位
無論經歷了什麼事情，
內心都能抱有
一份平安與踏實。

第一章

生命中必須面對的課題

與無助的關係

開始修行一陣子後，一般能體驗到生命中的正面改變，便會不期然地想「幫助」他人。「救人心切」，希望他人能像自己一樣，快些嚐到生活的美好。

可是有否想過修行目的是為自己還是他人呢？

我們很容易以外界的狀況來定義自己的存在——自己夠不夠好、成不成功等——很容易便會無意識地假設：「若果我修得好，他人定會看到，繼而想跟著去做。」沒錯，若我們能修成正果，身心都會散發著一種自在的感覺，有些人會被這份自在感染而想去改變。可是，要知道這其實需要來自他人的自發性，而非自己「希望」他人「好」而去「修理」他人。

開始修行後，有時難免會發現自己做了些不該做的行為或說了不應該說的話。譬如因為生氣而對親人說了幾句難聽的話，之後感到後悔，想道歉但奈何又放不下面子。腦海盤旋著十萬個應該，但最後什麼都沒做，只期盼他人理解並原諒自己，內心非常自責。

發現自己的表現未如理想時，那種自責源自將不善巧的話語跟自己的存在掛鉤。我們可以學習留意自己的習氣，免得口不擇言。隨著覺知加強，我們會比較能夠守護自己的言行，可是刻意壓抑自己的不善巧亦會製造不少怨氣和情緒。短時間雖能成功管理表面上的言行，但內在還有一份壓抑，導致產生不少矛盾，所引起的情緒也容易讓練習者覺得自己做得不好（也就是將體驗的好壞標籤成自己的好壞）。

佛陀在第一聖諦——苦諦——中教授過，人生裡的苦是免不了，當中包括「得不到想要的」以及「得到不想要的」。還有一種苦叫做「五蘊熾盛苦」，主要指生命中身心的痛苦。以上所舉的例子，正正包含佛陀所形容的幾種苦。

我們需要練習，確認到世上有很多自己控制不到的東西，如：改變不到他人、暫時沒能力改變自己的言行、情緒等。覺知到原來自己在當刻的覺知下已經盡力（無論有意識或無意識），原諒自己未能做得更好。正念的意思為無條件的觀察與容許，並認知到事實的發生。

感到無助時，可以先停下來，察覺自己的呼吸。練習確認事情的發生及存在，原諒自己當時沒有辦法做得更理想。可以問自己：「那我現在想怎樣呢？在我能力範圍內，可以如何應對這個狀況呢？」學習只盡自己的本分，並放下對結果的執著。

關係中的修行就是透過認知不同關係，好好修正自己對應外在人事物的態度。當態度對了，外面的對象亦會境隨心轉了。

跟莫名而來的情緒打好關係

帶領同學們做禪修練習時，不時會有學生出現莫名的情緒。有同學會不明白，為何做到某一個動作就會流淚，或者明明自己好像沒什麼事情要處理，但在坐禪時感受到莫名的情緒。

其實身體是一個很精密的系統，它比頭腦更清楚我們需要什麼，以及需要用什麼方式去維持平衡（智慧能幫助我們容許身體做出相應的調整）。

很多情況下，當我們遇到一些狀況時，情緒就會出來，但其實更多時候，莫名的情緒會在沒事情發生時滲透出來，這就是所謂「藍藍的感覺」(feeling blue)。頭腦未必能正確地認知和理解為什麼會有這個情緒，因為能引起情緒的因緣實在太多，甚至很多都不在自己的認知裡面，有些時候不同的情緒也會混在一起。譬如，它可以來自小時候的傷痛、多年來的壓抑，遠則可以來自家族的影響、累世的情緒循環及業力等。

有好幾年，我常常莫名地被一份害怕被遺棄的恐懼包圍。邏輯分析並不能幫助我找出原因，但這個感覺卻一直揮之不去。感恩正念教導我，容許我包容、不分析、不壓抑這些感受。

有次在書中閱讀到，遺棄感容易在嬰兒時期產生，特別是沒有得到適當照顧的嬰兒。好奇的我詢問媽媽，媽媽說我由出生到兩歲，父母因為工作關係未能照顧我，所以我平日寄住在舅母家，每逢週末，爸媽便接我回家。當每個週日再回到舅母家時，我就立即大哭，希望媽媽不要離開。當時爸媽拿我沒辦法，就唯有等到我跟表姊玩得投入才偷偷離開。這個情況持續了兩年！怪不得一直有著那麼重的遺棄感！

當我知道之後，我就明白原來莫名的情緒也有原因。我只需要好好地照顧自己的感受，待時機成熟時，

原因便會顯露出來。被遺棄的恐懼就隨之慢慢地消失了。

無論是明顯的、微細的、熟悉的、陌生的情緒，它們都是因為有足夠的因緣才會出現。我們不需要刻意找出原因，先好好地陪伴它們，感受它們。不一定要「喜歡」這些感受才能觀察、擁抱它們，當情緒感受到你的無條件包容時，因緣到了它們就會離開。還沒離開的，只是時候未到。

情緒的產生，主要是因為我們沒辦法接受現實（包括有情緒的現實）。當我們能夠以一個開放的心去看待情緒時，我們與情緒的關係就因此而改變。當我們建立了一個新的內在環境、新的內在條件，這個新的環境已經沒有抗拒心，所以不再適合那個情緒出現。於是，它們就這樣「離開」了。

與內在天氣共處

不論是好是壞的體驗，其實都是內在的投射。

大部分時候，我們不斷對外界發生的一切作出反應，而反應之中同時隱藏著一大堆情緒，如沒耐性、恐懼、擔心、懷疑、後悔、自責……一不留神，我們會誤以為是外在環境導致這些情緒的產生，覺得「一定要做些什麼」才行。

但禪修經驗一次又一次告訴我們：其實很多時候，反應是最大障礙，並非外在環境本身。

沒有覺察的話，覺知一般會往外跑：評論這個好、那個不好，同時很忙碌地調校這個、改善那個，甚少有空間留意內在的感受與投射。這種往外求的處理手法就像小狗一直追著自己的尾巴，把自己弄得很忙。但無論再怎麼努力，總是差了那麼一點點。

其實我們最需要「處理」的，是與內在每一個感受同在、相處。在每一個當下裡，多練習從外在（評論他人、事情應該要如何）回到內在。試想一下：

此刻身體有何感受？
此刻有什麼情緒？
此刻有何想法？
此刻對以上反應有什麼態度？

無論是怎樣的感受、情緒及想法，都容許體驗可以是熟悉的、陌生的、懂的、不懂的、清楚的、不清楚的；態度上，可以是接納的、排斥的、想要的、不想要的。練習純粹覺知到現況，不需要刻意調整任何事。

有時，我們會以為當某一個感受、情緒、念頭存在時，我們必須不斷留意它的生滅，但下意識會強化以觀察來「消滅」觀察對象的執著。只需要練習知道每刻感受、情緒、念頭的存在，並且嘗試把覺知帶回當下就可以了。

譬如，如果一起床就感到一股莫名的厭惡感，我們可以這樣做：

1. 知道有不舒服的感覺，感受身體哪裡不舒服。
2. 嘗試只把它視為一種感受。可以給這能量一個名稱，但若賦予名稱讓你更不安的話，則可以不命名。
3. 可以的話，練習陪伴這個感覺，就像與好友坐在海邊一樣，不需要做些什麼。
4. 不需要找出感受的原因。
5. 無論感受有否離開，完全專注眼前的事情。

若要等到沒有負面感受才繼續生活的話，可能不太現實。嘗試將每天的感受視為外在的天氣變化，因應天氣制訂當天的行程與衣著吧。晴天的話就戴太陽眼鏡，下雨就帶雨傘，大風就帶外套好了。這樣，無論天氣如何，每一天仍然可以是好的一天！當然，有時惡劣天氣的確會帶來不便，不過只要做好安全措施，好天氣是指日可待的事。

不需要等到天晴才外出。修行就是順著每一刻的內在天氣，活好每一天！

情緒有因緣

很多時候我們會誤會，覺得一切事情都是關於自己。如果事情如自己所想，就會覺得是因為自己的努力或好運而沾沾自喜；假如事情沒有如期發生，就會覺得自己失敗或運氣差。這樣的想法容易讓情緒起伏不定。事實上，一件事要發生，除了有自己的因素（因），同時亦需要其他條件配合（緣）。情緒亦如此。

唯識學談到，每人心裡有五十一個面向，如貪、瞋、癡、憤怒、正念、智慧、定等。不同面向的產生需要有不同環境因素配合。例如被誤會、受恥辱、遇到不公義或受到不禮貌對待等，這些條件足以讓你憤怒。

早陣子兒子晚上睡不好，一晚可以醒來兩到五次。有一個晚上，他哭得很厲害。我抱他，他推開我；放回小床，他哭得更厲害。餵奶時不哭，可是喝完奶就繼續哭。無能為力的我只能不停重複以上動作。他的體重並不輕，抱他時我感到肩關節痠痛、肩頸肌肉緊繃，加上睡眠不足，為未能安撫小孩而感到萬分無奈。我記得那晚是第一次連自己都想哭。

感恩多年來的正念練習，讓我在那瞬間還有觀察的空間。我留意到：原來遇到這個「局」（睡眠不足、關節痛、安撫不到小孩、找不到哭泣的原因、晚上哭鬧已經持續六個多星期等）的時候，是很難沒有無奈、疲憊與怨氣的！

以前若遇到類似狀況，我會努力說服自己不要有這些負面感覺。但越壓抑，情緒就停留得越久。經過一個半小時的「失敗」後，我回到房間（他還繼續哭）並跟先生說：「這已超出我能夠承受的限度。我知道若再繼續的話，會有更多情緒產生，麻煩你幫忙接力吧。」正在生病的先生就起床幫忙，而我就用這段時間去觀察及包容自己的情緒。過了三十多分鐘，兒子終於睡去，我的負面情緒也相繼離開了。

從這個體驗中，我學到原來我們不用「管理」情緒，只需要理解構成不同情緒的因緣即可。容許自己有情緒，就能比較容易看清組成情緒的因緣。可能只需要轉換一下外在環境，情緒就可以略為疏通。

要改變情緒，就需要有技巧地改變環境因素。有時改變不到外在環境，那就要改變內在環境了。要改變內在環境，就要培養正念、正知、正定、智慧以及正精進等內在特質。培養這些內在特質的關鍵因素，就是持續地覺知！

竹篙灣的禪修（上）

第五波疫情剛開始的時候，因兒子的幼稚園同學確診，我們一家需要到竹篙灣隔離十四天。

天意弄人，收到通知前的一個星期，我提出了離婚。上天的安排真的很玄妙，會於這個時期讓我們三人共處一室。兒子只有三歲，需要很多陪伴，所以在隔離之前已經估計沒有私人空間。加上這是非常尷尬的時期，不知道在裡面會擦出什麼「火花」，唯有提醒自己多回到呼吸與身體感受，將一切看成修煉。

入營的首兩天，與先生的分歧因為營內狹窄的空間而極為明顯，空氣中充斥著互相不滿的氣氛！

雖然頭腦知道大家都有各自的苦衷，可是當無奈、委屈一擁而上時，真的很難替對方著想。平時情緒來襲時，我會找個私人空間行禪、坐禪，或者去接觸大自然，讓自己平復過來。在竹篙灣裡，私人空間卻變成奢侈品。當埋怨、委屈充滿整個空間時，我唯一能做的是打開窗戶，獨自看著外面冷冷清清的樓房。我不斷地陪伴憤怒，與它一同呼吸。那一刻，我很能感受情緒與外在條件的相即（意指：事情的發生跟其他因緣條件互為關聯）。

我觀察到當雙方意見不合時，大家都會忍氣吞聲，默默地承受。但似乎這個做法需要很大代價，就是把我們拉得越來越遠。同時，在營內更讓我們看到，分歧只會為所有人帶來傷害與痛苦。

雖然頭腦知道，可是我的腦海裡只有埋怨的話語。我根本還未準備做善巧的溝通。

我唯有在每天洗澡時（唯一可以獨處的時間），好好回到呼吸，觀察內在複雜的感受。我問：「憤怒、委屈，我在這裡陪你。辛苦了。請問你有什麼需要？」每一個呼吸幫助我去感受委屈。我不嘗試尋找答案，只是不斷地陪著這些感受。慢慢有個感覺，委屈需要我為它發聲了。我答應，只是還沒有頭緒應該如何善巧地表達。

很有趣，當「委屈」被關顧後，人就平靜下來，方法亦都顯現出來：先放下要討回公道的心態，再從雙方的利益出發。大家都要說出背後真正的需要，譬如在照顧小孩以及與小孩訂立界線時，我需要先生的支持與配合。

於第三晚的晚飯時間，雖然大家之間還有不滿，我還是表達了自己的委屈，並邀請先生也表達他的委屈與需要，嘗試找到共識。當大家將委屈一一道出時，內在的平安就回來了。

雖然這次對談並不算是心平氣和，但透過有覺知的溝通，雙方並沒有被情緒帶走。當自己準備好改變時，一切比想像中容易解決。

竹篙灣的禪修（下）

在營裡的第二晚，約晚上十二時聽到有營友大吵大鬧。細聽內容後，得知營友本應符合離營條件，不過一直沒有收到允許離開的通知。「打了三百多次熱線都打不通！」我能感受他們的無助、恐慌與憤怒。如是者，連續三晚都聽到遠遠近近的投訴跟吶喊聲。

民安隊沒有收到出營紙就不能放人，雙方只能無奈地對峙著。身為第三者，我可以體會營友不能離營的無助、民安隊的無奈、醫護人員的壓力。每個人都盡力做好本分，不過每個崗位也有自己的無奈。

在營裡的第七天，我們收到民安隊的離營通知。正當我們將行李搬出房間時，一位民安隊隊員說：「你們三人中只有兒子與先生可以離開。我們沒有收到你的出營紙，所以你不能離開。」

我當時覺得非常詫異，兒子是緊密接觸者，我與先生只是自願陪同小孩隔離。為何到最後小孩可以離開，而我卻被留下？

我們走到閘口，打算跟他的上司溝通，覺得應該能解決誤會。怎知得到的回應是：「其實我們都很詫異，之前已請示過。但要有出營紙才能離開，我們只能跟隨指引。很抱歉。」先生震怒非常，大罵民安隊。

那一刻，我彷彿看到大家在上演一場戲，每人有各自的角色、反應與對白：民安隊有民安隊的對白；營友有營友的對白。每個人的反應都是空性的，每人的反應因應各自的角色及條件限制，而有特定的顯現。那一刻我體會到，如果我是民安隊，我所說的並不會跟他們說的有太大出入；若果我是先生，我也會一樣憤怒；若果我是我的孩子，我都會感到無助與傷心。

回到營內，我深深地感受到那位營友的無奈：打了兩個小時電話都無法接通，就算接通了都只說要等候，甚至告知沒有我的入營資料。

我深深體會到無助、焦慮、徬徨、急躁以及五蘊的空性：當遇到某個局面，人難免會產生某些感受。縱使有禪修練習、有覺知，情緒並沒有因此而減少。不過，唯一不同就是，覺知讓我深入理解到情緒並沒有好壞，「我」也沒有好壞，一切都只是因緣和合。

感恩，數小時後我終於收到可以離開的通知。

每個人都能體驗任何情緒、任何念頭。當條件具足時，我們就會出現某個狀態。外在環境與內在環境息息相關，要找到內在的和諧，我們就得努力灌溉外在的和諧。

話雖如此，有時我們不能夠選擇外在環境，但可以選擇以一個敞開心的態度去面對，練習體會一切現象背後的因緣。只要能全心接納事實的本然狀態，內心的平安就自然到來。

憤怒與界線

「當感到憤怒時，我決不講話。我將修習正念呼吸和正念步行，深觀憤怒的根源，覺察我的錯誤認知，設法了解自己和他人的痛苦。」這是一行禪師提供的五項正念修習中，其中一個重要的練習。憤怒時，若沒有覺知，我們容易做出或說出一些傷害性行為及話語。這樣，除了對方受傷害之外，自己亦會受到良心責備，造成身心平安的障礙。

我已經練習這項修煉約十多年。憤怒時的確可以不發言，也可以透過正念，練習與情緒共處，待冷靜下來才跟對方互動。反覆練習的確可以減少因為憤怒而傷害對方，不過有時卻剩下莫名的委屈，以及揮之不去的傷感和失落。

最近與先生處理離婚的分產事宜，因為涉及自己和兒子的長遠福祉，讓我史無前例地感到憤怒。雖然憤怒，但我努力練習不發言。可是過了六個星期，每次想起這件事，我仍然非常震怒。深觀憤怒的根源，是感到非常強烈的不公平以及不受尊重。

雖然明白對方的難處，可是委屈與受傷的感覺卻揮之不去。我覺得不能吞聲忍氣，有股衝動想大罵對方，但深知不是一個明智之舉，無論對自己或對方都會影響深遠。我不想用責罵的方式處理，但不知道如何能淡化不公平的感覺。

我很想與對方好好地談，但總感到有塊大石壓著心口。我怕自己會按捺不住地破口大罵，但不能裝作沒事發生。我知道我要表明立場，不過很難不生氣！透過對憤怒以及不公感的觀察，我發現其實自己一直都歧視憤怒這個情緒。我有個假設：「憤怒就是沒有正念。」當然，這是一個錯誤的認知。但我確實不喜歡憤怒，憤怒讓我想起小時候的爸爸。我努力精進修行，目的就是不想重蹈爸爸的覆轍：我很怕會變成爸爸一樣到處噴火！

我後來發現，原來我將憤怒與界線連在一起。我以為要堅定立場就等於要發怒，但其實兩者是分開的。

修行人當然希望身口意能為自己和他人帶來最高真善美，但即使修菩薩道，也不等於不去守護健康的界線。若果真的感到不適合，我們可以說不。不一定要發怒才可以堅守立場，反而可以利用不忿的能量堅定地表達意見，這並不等於破壞關係或者中傷對方。

有了領悟之後，我非常堅定地表達我的想法：什麼令我覺得不公平，什麼我是不可以接受的。有趣的是，說完之後，憤怒煙消雲散，再也找不到它的影蹤，對方也願意作出讓步及適當的調整。

原來憤怒能量並沒有好壞之分，只視乎我們如何運用它。

善用負能量

早在二〇一二年已經認識阿俊（化名）了。他是一個很真誠、很開心、很好玩的人，與他共處時總能夠喚醒內在的快樂。約十歲時，他的爸爸結束了自己的生命。當時年紀還小的阿俊不太清楚是什麼一回事，只記得當時自己很愛生事，甚至被送至類似軍校的學府去馴服那顆頑劣的心。

表面很開心、自信的阿俊很能感染身邊的人。可是阿俊也有很大的脾氣：當遇到不如意的事情，他的憤怒會一發不可收拾，對自己與他人造成很大傷害。

因為這個原因，阿俊開始他的禪修旅程。

阿俊告訴我，其實他很不喜歡內在的「綠巨人」，甚至畏懼它，因為它的破壞力驚人。每次「綠巨人」挺身而出後，他會後悔不已，並感到無助，不知道如何是好。在禪修初期，他雖知道要怎樣修習（譬如觀呼吸、憤怒時盡量不說話等），可是正念與覺知不夠憤怒來得快，往往都是後知後覺。

不過，他並沒有放棄，繼續練習。

過了幾年，阿俊已經不再畏懼「綠巨人」了。雖不可說是擁抱憤怒，但絕對可以與它共處。慢慢地，阿俊發現埋藏在憤怒之下，是一份很深的恐懼感：他害怕不能控制身邊發生的一切，害怕無能為力的感覺，害怕自己無法扭轉厄運。這份恐懼當然跟爸爸的離世有密切關係。潛藏的恐懼驅使阿俊偽裝成一個超人，他要求自己做到完美，他希望可以幫助所有人，承擔他人負擔不到的責任。

阿俊看到一個惡性循環：內在的恐懼與不安讓他努力往外求，希望透過努力達到更高、做得更好、幫到更多人。但越做得好時，就越怕自己不能超越自己，不能再創新，繼而強化內在的不安。

阿俊繼續努力修習。他不再逃避不安感，容許自己與不安感共處，容許自己有做不好的地方，練習放下要改變他人的執著（以前會以為改變他們就是幫助他們），容許自己有無助感。

這八年來，我一直看著阿俊的改變。他慢慢從一個「宇宙最強」，變成溫柔而且充滿熱情的男生。

最感動的是，最近他跟我分享：「早前我跟員工宣布一則重要消息時，需要既認真又嚴肅的語氣和態度。所以我邀請『綠巨人』加持我。現在回想起來，從前害怕『綠巨人』失控，到現在我可以接納它及善用它。這真是一個新境界啊！」

感恩阿俊讓我分享他的轉變。願我們都能夠像阿俊一樣，透過修行，好好把本來的短處、負能量，轉化成幫助我們飛得更高、更遠的力量！

看清幻象的本質

有位學生於課堂後跟我分享：「老師，我剛剛離開一段不健康的關係。雖然覺得一身輕，不過就很害怕一個人。」

「你覺得一個人會怎樣？害怕什麼呢？」我問。

「就是害怕一個人。」她肯定地回答。

「你願意靠近『害怕一個人』的感覺嗎？」我嘗試看看她是否願意觀察害怕的感覺。

「我不知道能否做到，我真的很怕。我不知道我在恐懼什麼。我不是害怕會發生什麼事，而是害怕『一個人』的感覺。之前當我害怕一個人的時候，我就會回到那個伴侶的身邊。如是者一直重複著惡性循環。」她慢慢開始流淚。

我好奇問：「害怕的時候會有什麼感覺呢？」

她細心感受，摸著胸口說：「這裡會很不舒服，好像不能呼吸。」

「胸口不舒服，感到很難呼吸是嗎？還有呢？」

「像有股氣卡在喉嚨，想打嗝但做不到。」

「你做得很好了。還有什麼感覺嗎？可以用手來顯示感受的大小嗎？隨著我們的談話，感受的面積有沒有改變呢？」

她的手擺成了一個「O」，示意感受只有麻糬般的大小，說：「它的面積一樣，不過會移動，從胸口移動到喉嚨。」

「看到這個感受後，有沒有害怕的感覺？因為一開始你會感到害怕。」

「沒有，因為我只是在形容它。」

「你看到嗎？其實靠近『害怕一個人的感覺』就只是這樣啊，你覺得可怕嗎？」

她頓了一下，看著我，眼神帶著光芒。似乎面對「害怕一個人的感覺」並沒有想像中可怕。

「下一次當感覺來了，你試著幻想跟我或者你的朋友形容當刻的感受，這樣你就能靠近它了。能夠靠近感受，代表有勇氣面對自己的恐懼了。當你嘗試在身體感受它時，你會發現恐懼只是一個幻象，一個無法形容的幻象。透過感受，你可以將虛無縹渺的幻象轉化成實在的肉體感覺。肉體感覺就只是感覺而已。這樣，恐懼就不能控制你了。」

她的眼神變得穩定，好像找到一個方法離開習慣的惡性循環。

大多數的恐懼是無形的。若不斷停留在無形的恐懼時，容易產生很多想法，想法亦會強化恐懼。此時我們可以回到呼吸，好好感受身體反應。透過一呼一吸，練習靠近感受本身，與它共處。你便會發現恐懼並不是那麼可怕，因為它只是一個感受。

圓滑不等於虛偽

在五項正念修習裡，其中「愛語和聆聽」給予我們清晰指引，如何善巧地說話：「我知道說話能帶來快樂，也能造成痛苦。我承諾真誠說話，使用能夠滋養信心、喜悅和希望的話語。」

關係是互動的。若果我們想關係良好，我們得認真地觀察自己與他人的互動方式，說話與聆聽就是其中非常重要的一環。把話說出去後，我們不能控制對方如何詮釋句子，會如何反應，以及這句話會帶來多深遠的影響。可是，我們可以完全控制如何說出來。

建議大家在準備說話之前，練習問自己：

1. 我要説的訊息是真確的嗎？
2. 説出來之後對聽者有幫助、有益嗎？
3. 聽者需要這個訊息嗎？
4. 如何説、什麼時候説、説多少才適合聽者呢？

在事件的真確性還沒得到證實前，散播流言只會為自己和他人帶來誤會、恐懼、歧視甚至分裂。若果訊息真實，但消息對聽者沒有幫助的話，也可以不用說。譬如這句話只是一個負面評價，只會讓對方痛苦，不能幫助對方，那就不用說了。

若果你覺得訊息能幫助對方，可是你知道對方暫時沒準備好，又或者對方並不想聽，這句話可能會變成壓力，甚至讓對方覺得你不支持他。這個訊息就可能需要等一下了。

到最後，若果你想說的已經通過以上三個試驗的話，就要看看怎樣說、在什麼場合說，還有說多少才有幫助了。有時說話技巧不足，無論出發點有多好，對方都不會因為那句話而受惠。建議先把想說的寫下來，試站在對方的立場（他的性格、理解力、想法、出發點等）思考：「如果我是對方，我想在哪個場合聽到這個訊息呢？這樣跟我說的話，我會聽得進去嗎？我想要怎樣聽到這個消息呢？」

有些個性比較率直的朋友會想：「這樣會不會變得很虛偽？」那就要先辨識虛偽的意思了。虛偽的說話，內涵是「虛」，甚至是「偽」的，簡單來說就是無實際內涵。但善巧的圓滑則不同，內涵是「實」，是真確的。圓滑跟率直的唯一分別，就是前者能有效地把訊息傳達給對方，並為事情帶來幫助；後者則可能在傳達訊息時，為自己及他人帶來誤會與情緒，訊息並不能有效地傳達出去。

說話可以是良藥，也可以是毒藥。若果我們能在自己的話語上多花心思，我相信大家可以在不同的關係中種出美麗的花朵。

慢慢來，就最快

這個課題是我從十個半月大的兒子身上學到的。

幾個月前，當他還不是坐得很穩時，我留意到他會因為趴太久而變得不耐煩。他很想坐起來，卻沒有這個能力，所以他會以哭泣來表達需求，期望得到他人的幫助。那時只要我留意到他的意思，便會下意識地直接抱他起來，幫他好好坐著。當兒子能夠坐起來時，就會立即展露開心的笑容。可是，隔了一陣子，他卻因為沒法自己下來，又開始哭著求救。

有次因為他在哭，我就下意識幫他坐起來。他很安靜地坐著，一直坐了三十分鐘！小嬰兒本身就是喜歡動來動去的小動物，那刻我留意到一直幫助並不是長遠之策，這是個雙輸狀態（lose-lose situation）啊！

我發現，若要一個人去做能力範圍外的事，他會因為能力不足而需要外援。一次半次當然沒問題，但若果不斷重複這個過程的話，他一定會被無力感、挫敗感籠罩著，亦會因為不斷努力但做不到，而感到沮喪、疲憊以及自我懷疑。除了本人，幫助他的人亦會感到疲憊不堪，因為所有時間、心力都只去成就他人，卻沒有為自己預留任何時間及空間。

社會提倡「贏在起跑線」，除了要求小孩之外，大人亦如是。在這樣的環境薰陶下，大家都以為能以最短時間做到最多、最難、最不同就算是好，算是成功。記得以前學英文是由單字開始，一開始是 A for Apple，之後變成 A for Astronaut，現在更直接變成由句子開始。好像學得越多、越早就越好。可是，人們面對的心理問題卻有增無減。

大家以為只要咬緊牙關，熬到出人頭地後就能夠安心度日。可是，卻沒有留意到越強迫，就越強化無力感及自卑感。

兒子教導我的課題就是：他可以坐起來、站起來、走路，但大前提是要按著自己的步伐。身為媽媽，我只需要學習相信他，讓他探索，適當時提供指引就可以了。

雖然他的進度可能比他人較「慢」，但卻因為累積了不少跌倒的經驗，知道如何避免跌倒，根基反而變得穩固。雖然「慢」，但長遠來說跌倒的機會變少，同時也會因為透過努力獲得成功而變得自信。到最後，雖然大部分小孩都能站起來，可是每人內在的穩定性以及心理質素卻變得非常不同。

我常深思，究竟我要學習不要跌倒，還是學習跌倒後如何站起來？

種瓜得瓜、種豆得豆是必然的。春種秋收是自然定律，若果我們期待春種春收，那就是大逆不道了。相信你種下的種子，雖然此刻未看到結果，但若你認真地種，當因緣條件都具備時，必定得到收成。

慢慢來，就最快。

接受「不接受」

前幾天舉辦了一個關於陪伴自己、陪伴情緒的工作坊，內容主要關於如何靠近情緒與想法，如何以一個開放、包容的心去聆聽情緒，從而接觸內心深層的渴望。有不少參加者都體驗到，原來純粹觀察情緒就可以鬆開情緒的綑綁。工作坊快完結時，都能看到參加者們的表情變得輕鬆。

其中一位女生表示身體出了狀況，中醫、西醫都幫不上忙，讓她甚為困擾。她困惱地問：「我真的不能接受身體的狀況！它影響我的工作，還一直沒辦法痊癒。我不想再處理它，但我又好不起來。請問怎樣可以讓它不影響我呢？我真的沒有辦法。」

我回應：「你不能接受身體的狀況，因為它影響你。

那你能夠接受『自己不能接受這個狀況』嗎？你能先接受自己找不到辦法嗎？」

女生有點愕然，但很快表情開始鬆開來，好像明白了什麼似的。她回答：「嗯，我可以接受我無法處理身體的狀況。」

我繼續跟她一起探索：「既然你能夠接受自己處理不到，那你就可以做『處理不到』要做的事吧。」

她的表情頓然顯得輕鬆。

對，修煉是為了培養一顆開放、接納的心。但接納的心，不代表需要勉強接納那些不能接納的事。

我覺得接納的意思為：

我能否接納此刻的身體狀況？
我能否接納此刻的情緒？
我能否接納此刻的思想？
我能否接納此刻的身心限制？
我能否接納此刻的執著？
我能否接納此刻的貪瞋癡？
我能否接納此刻最盡力都只能做到如此？
我能否接納此刻我還有進步空間？

最重要的是，我能否接納此刻我已盡力？能否接納有時並不能完全接納自己？

不用勉強，可以接納就接納吧，接納不到的話就暫時容許自己做不到，這樣我們才能放過自己。若勉強自己完全接納一切，可能會為自己帶來更大的失望與自我否定。

修行是一項多世馬拉松，短暫的成功並不等於長久的轉化。所以請容許自己慢慢來，因為這已經是最快的捷徑。

讓我們先好好接納自己「就是如此」，之後就做此刻要做的事吧。

痛症背後的訊息

兩年半前，兒子的出生為我們帶來前所未有的幸福與快樂，但我亦因此感到產後不適。這兩年多腹部筋膜異常緊繃，造成嘔吐、脹氣、難以呼吸等症狀。

看了十來個不同界別的醫師，病症還是反反覆覆。當一個情況解決了，另外一個情況又會發生。第一年還可以輕鬆面對，但嘗試過很多不同療法後，我慢慢開始對身體產生抱怨：覺得它很麻煩，很難處理……內心就是不能接受，一直以來過著健康的生活，一直都有健康的身體，怎麼會突然變成痛症病人。

最近一位朋友建議我去聆聽身體，嘗試了解緊繃的背後原因。其實自從十年前開始接觸禪修後，我都不斷地練習聆聽身體。可是，多年後我才發現自己其實是用「頭腦」觀察，而不是用「心」去觀察。用頭腦觀察時，容易以第三者角度遠距離觀看身體，而不能深入接觸身體感受本身。於是我改良聆聽身體的方法。

首先找個適合的坐姿，深呼吸幾次。呼氣時讓身心慢慢安頓下來。之後，慢慢聆聽心跳聲，需要的話可以把手放在左邊胸口前。聆聽撲通撲通的心跳聲，直到頭腦完全靜下來。這時可以將覺知從心移動到所需要的身體部位，用同一個方法聆聽。

聆聽時，我發現身體並不如我所想般只有一個問題、一個源頭，它告訴我生活上有幾個地方需要重新審視：某些關係的不平衡；小孩出生後，我沒有騰出時間坐禪、練瑜伽。又例如因為吃飯時會跟兒子說話，便不自覺地把風全都吃進肚子裡；又因為不懂得拒絕兒子的撒嬌，就匆忙地把飯吃完。原來從去年開始，吃飯不知不覺地變成一個隱形的壓力源頭。

我一直覺得，身體的問題是障礙，也曾暗暗埋怨過這個不聽話的身體。但最近當我細心聆聽它時，我發現身體的狀況並不是要拖垮我，反而幫助我有效地調整生活步伐，讓我活得更自在。誠實的身體透過各種不適來告訴我，生活裡有哪些地方需要認真面對，有哪些不健康的信念或執著需要放下，哪些需要重新調整。

原來身體一直都很配合，只是頭腦不願意配合身體而已。它也教導我放下，讓我保持開放的心，去探索更多可能性。

雖然還在處理身體的狀況，但我已經感受到當我願意面對問題，身體的狀況已經明顯好轉了！

其實不需要等到身體發出警號才與它連結。平日多練習聆聽身體，相信能夠在它身上得到不少智慧！

14

覺知的重要性

搬家大概兩個月了。表面上五歲半的兒子很喜歡新家，不過不知道是否潛意識還需要適應新環境，最近幾個星期與爸爸共度父子快樂時光後，就會有不少情緒，容易因為很小的事情爆發。慢慢理解之後，發現原來兒子非常想念爸爸，有時會哭個四十五分鐘才平靜下來。眼看他這個年紀就要面對愛別離苦，身為媽媽的我確實感到難過與心痛。

感恩多年正念練習的加持，當兒子哭的時候，我習慣陪伴在旁，同時觀察自己的呼吸、身心的變化，以及生起的念頭。我觀察到，若果當天自己穩定的話，內在會是平靜，也對兒子產生同理及關愛，不會想改變對方；若當天身心狀態不佳的話，譬如睡不好，容納程度也相對變少。抱著哭得很慘的兒子時，我留意到內心有不少的念頭：

「如果我沒有離婚，他就不用經歷這些。」

「究竟我有沒有做錯呢？我是否不應該離婚？」

「對不起，因為我的決定，而令你需要經歷這些傷痛。」

「不知道在爸爸身邊的時候，他會不會因為想念我而哭泣呢？」

「他是否愛爸爸比我多？」

觀察到這些念頭，我回到自己的呼吸，感受身體，並放鬆自己，嘗試感受自己的感覺。

我有因此而後悔嗎？沒有。如果沒有離開才會真的後悔。因為這會非常深遠地影響我們三人。

雖然不忍心兒子經歷這些痛楚，但當我發現沒有後悔時，就知道那並不是因為一時之氣所做的決定。兒子還在哭泣，這讓我想：「若果後悔了，此刻內心的掙扎及痛苦還真的不少啊。」

「原來有覺知的活著是那麼重要。」

人生有很多抉擇都不是那麼黑白分明，那麼有對有錯，每個人背後都有自己的原因。我們可以透過培養正念及覺知，清楚選擇背後的意圖，辨識背後有沒有被情緒支配，思考是否對應自己與他人的最高真善美，自己能否承擔後果等。讓情緒好好過渡，釐清真正的想法後，就踏踏實實地走每一步吧。就算會面對艱難的時候，但內心仍然可以抱有一份平安與穩定。

此時，兒子的情緒終於平復下來。我們親一個，之後就有說有笑地閱讀睡前小故事。

但願各位無論經歷了什麼事情，內心都能抱有一份平安與踏實。

食言

從小到大，我都很介意自己或他人不能「講得出，做得到」。記得小學時，爸媽曾答應買禮物給我和弟弟。但最後沒有收到禮物，當時真的很生氣，覺得為什麼可以說了不算數？自此從小發誓，若果答應了他人，無論如何都要做到。

大學畢業後工作十多年，那個使命必達的「優點」為我帶來不少壓力。縱使身心疲憊，或者感覺非常勉強，我都會鞭策自己：「既然答應了人家，無論如何我都要做到！」這股「毅力」背後就是希望證明自己說到做到，而大家也應該要仿效我！

接觸禪修後，自製的壓力越來越明顯，同時令我壓抑了不少情緒與感受。從因緣法裡，我學到有時食言並不等於對方沒有誠意，也不等於對方瞞騙我。若情況改變，當初的承諾就因為因緣不具足而不能兌現。

感恩因緣法的教導，我開始容許自己有改變主意的空間：有時答應了他人的計劃，因為種種原因需要延期；商議好的計劃方針都可以改變。彈性讓我變得從容，而那份來自使命必達的壓力亦隨之減少。

最近對於這個生命課題又遇到一個大考驗：有位在我生命中很重要的人，一次又一次地收回一些重要的承諾。理性雖然明白因緣法，但我還是怒火中燒，一燒就燒了好幾個月！我唯有一直陪伴憤怒的情緒，心想：「究竟我怎麼了？修佛法那麼多年，我還是無法從對方的角度思考，還是放不下！」

某天，怒火中燒的我將內心所有不忿一一列出來，這讓我發現原來憤怒並不是因為對方的言行，而是對這段關係的期望未達標，以及對盡善盡美的期望未達標所致。當關係沒有如想像中發展，我將一切不可控的因素都推到自己身上，覺得我「應該」要做得好，因為我是一個修行者！

前幾天坐禪得到一個領悟：一切承諾建基於恆常，但現實卻以無常為本。試問一些建基於恆常的妄念，如何能不斷地在無常的世界中顯現呢？我們努力追求有保障的生活，但生命中唯一的保障就是知道「沒有永遠的保障」。

若果我們的身口意都能依靠無常法則運作的話，就能夠穩定於每個當下。在每一個當下裡，我們能夠接觸到當刻本然（意指：當一個人卸下社會角色、職責、表現、功能，卸下所有應該與不應該後，純然的存在）的力量，那就是最強的依靠。

原來並沒有任何人對我食言，一切只是無常的呈現。

16

生命是不斷適應的學習

小生命離開溫暖的母體，學習應對外界不同的光線與聲音，學習了解身體每個部分，以及如何使用這個小身體。跌倒，再爬起來。知道什麼是安全，什麼是危險。不愉快時，體內有大情緒通過，還未明白時也會嚇到自己。小人兒開始學習獨立；離開熟悉的臉孔，展開幼稚園的旅程。

這需要不少的適應力。

轉眼間，小人兒變成小學生，需要學習紀律以及長時間與他人共處。遇到困難時，要學習靠自己，同時發現自己的能力比想像中大。成為中學生後，需要面對更具挑戰的學業，也要學習從人際關係中找到自己的位置。加上身心的變化，熟悉的身體突然開始變得陌生。到了大學，發現不只是努力就可以，學習要再次調整。

這需要不少的適應力。

工作則是另外一門學問。有時單憑努力並不足夠，還需要學習不同的人際技巧。成家立室時，除了學習承擔，自力更生也變成新課題。成為父母後，彷彿重新認識自己的高與低，需要調整過去的生活方式，來配合小家庭的需要。努力做到面面俱圓，但可能遺忘了自己的需要。

這需要不少的適應力。

每個階段都有不少需要適應的地方，每個階段都有需要放下的東西。身心不適應時，的確會引起不同程度的情緒及想法，這是正常不過的。當情緒來襲時，回到呼吸，讓情緒風暴慢慢著陸。你並不是你的情緒，也不是你的念頭。我們只需要學習，與一切好好共存就可以。

有時無論做得多好，都有盲點與不足。學習接受自己有身心限制，同時學習欣賞及包容自己。每件事都有兩面，時好時壞，不用太認真。就算盡力了，都難免會有無奈的地方，做人有時也需要有被討厭的勇氣。無法滿足所有人的需要，唯有學習設定健康界線。

生而為人，要學習面對及適應每天的變化。沒有跌倒過，就不知道有更善巧的選擇。因緣和合，事就會發生；因緣不合，事就會散去。一切並沒有好與不好，好好學習隨緣生活，因為勉強真的無幸福。盡力守好身口意，了解自己的初心，盡量利己利人，凡事盡力。遇到挫折，學習調整；遇到無奈，學習忍辱。如觀呼吸一樣，分心了就再重新開始。生活亦如是，讓每一刻再重新開始。

你已經做得很好了！

快樂有限期？

早前與中學同學聚會，被問到女人四十的感想（我是當中第一個踏入四十歲）。我只是淡淡地說：「沒什麼的。其實沒什麼大分別，不過我很感恩現在的我比以前開心了許多。」

A 同學問道：「你所指的以前是哪段時候呢？」

我說：「所有的以前，可以說一年比一年快樂。」

B 同學問：「是否因為有了小孩？」

我略有所思：「不是因為小孩而變得開心，是瑜伽、冥想與正念練習讓我更快樂。」

A 同學接著說：「是嗎？我衷心地替你感到開心。我覺得人越大，就越覺得沉重。但若果你能違反這個『定律』的話，我由衷地恭喜你啊。」

在回家路上，以上的對話不斷在腦海裡重複。可能我的生活圈子一直被很多同修包圍，大家都認知到透過修煉可以「越老越快樂」。但這個對話讓我思考：「對於沒有接觸過修行的人來說，是否覺得快樂有限期？」好像越年輕就有越多快樂的籌碼，但當年紀越大，身體不比以前好；責任越大，要處理的事情越複雜，快樂的籌碼是否就變得越少？

我相信若果沒有修行的話，我的快樂就只能寄望在健康、財政狀況、與另一半的關係、家人的關係、物質的豐裕、社會地位、工作成就等。可是，有很多人就算擁有了很多，卻不見得非常開心，反而有著一份莫名的空虛感、失落感。

四十歲，來到生命的一半，不得不承認健康不如以前、在關係裡遇到不少分歧以及無奈。若果快樂取決於以上的好壞，難免會感到沮喪及失望。

反思自己是否因為面前所擁有的豐盛而感到快樂，我不覺得是。我感到快樂，是因為現在的我比較喜歡自己：沒有那麼計較，沒有那麼需要透過外界的認同來確認自己的存在價值，沒有那麼著重得失成敗，能更有效地發揮自己的長處並包容自己的短處等。我開心是因為做人比較隨心、隨緣。

感恩有正念練習，讓我學習坦然地看待生命的無常，不去執取不屬於我的，同時享受現有的，因為知道下一刻並不會一樣。感謝佛學讓我看到一切的因緣聚散，知道自己的努力是生命河流中的一滴水：成功不須急著邀功，感恩有其他條件的配合，同時亦確認自己的努力；失敗也不用太在意，因為我的付出也只是生命河流中的一滴水，接受時間與條件並未具足，反思自己哪裡有改進的空間，努力做好本分，並確認自己的特質。要發生的，因緣具足時就會自然而然地發生。

感恩禪修練習幫助我建立平常心，去面對生命的起伏無常。快樂可以無限期，一切取決於你的心。

SLICE

18

退一步，海闊天空

一位我很敬重的脈輪老師艾諾蒂·朱迪斯博士（Anodea Judith）在課堂上曾說過：「當你下定決心做一件事的時候，一切阻礙就變得相當明顯。」譬如當你發願要守好自己的身口意、放下執著、培養慈悲及智慧時，那些一直阻礙你的執著、排斥感、批判心、自責、自卑感就會無所遁形。

對很多開始禪修的朋友來說，發現自己的不善之處時難免會感到挫敗及失望。覺得失望的原因，是很多人會以為修行是消滅內心一切負面狀態，而我也曾多次跌入這個誤解。有段時間留意到自己有不少自責、批判、煩躁，當觀察到它們的出現時，我想：「糟糕了，為什麼我一直在退步啊？不是明明修煉得蠻好嗎？

已經很久沒有這些感覺，為什麼還會回來啊？」與這種感覺拉鋸好一段時間，最終抗爭不成功，唯有接受現實。有趣地，智慧往往就在毫無準備的時候生起：越想做好，反而強化了「我要做好」的慾望。慾望會收窄目光，遮住了正念觀察力。

我們既可以將這些不善看成阻礙而變得沮喪，又或者把阻礙看成「因為清楚大方向，所以不屬於大方向的東西就顯得突兀，有助更容易修正。」透過好奇與開放的態度去認識自己，不善的身口意可以指引我們找到執著的點。看清了便作出調整，就可以藥到病除。

太用力想去改變自己的話，很容易會忘記如實觀察。執著會把原本純粹的念頭，轉變成一個很有說服力的假象，例如：我真的很失敗啊、我永遠都做不到。後來會因為深信假象，而無法跳脫出來。

此時我們可以回到根本，只把念頭單純地看成念頭，不過分解讀：如果知道自己陷入念頭之中，產生不少情緒，就只需要知道自己「陷入了念頭」；當有情緒、有雜亂的念頭時，只需要知道「有很多念頭」；放不下的話，只需要知道「放不下」就可以了。越嘗試跟這些感受及想法對抗，你就會被綁得越緊。

像科學家般觀察心境狀態的改變，讓念頭、感受、情緒自由自在地來來去去。你會發現，這樣可以幫助你拉遠與千變萬化的心境之間的距離。退一步看，會有更廣闊的視野。透過一次又一次純粹的觀察，你會發現原來無論外在變化有萬有千，覺知背後一直都是平靜的。縱使內外有很多起伏，從平靜的覺知中，你不難發現其實你並沒有起起伏伏的心理狀態。這時，心就能平靜下來了。

無常與無我的關係

在佛學的教導裡，常會聽到「無常」和「無我」兩個術語。身為華人，我們常常會將無常掛在嘴邊，但為什麼生命是無常的呢？而「無我」這術語，到底又是什麼意思呢？為什麼會形成無我呢？

佛陀教導我們，每一件事的發生必定需要不同的條件與原因配合。譬如這本書之所以能成功出版，必須有不同人事物的配合，包括：Janet的存在；出版社、編輯的支持；佛教雜誌的邀稿；在香港大學教授佛學碩士課程（因此被邀請寫專欄）；邀請我教授課程的衍空法師；因報讀佛學碩士課程而認識衍空法師；對佛學的興趣；過往曾出版不同書籍（讓出版社對我的文章有信心）；讀者及學生的支持；身體健康；家庭和諧等……（可以再繼續列舉，但因篇幅有限就先列出這些條件與原因。這些只是我認知的條件，當中還有無數條件在配合）因為有這些因緣，才能成功出版這本書。我們嘗試以算式表現：

Janet＋出版社＋編輯＋佛教雜誌＋教授佛學碩士課程＋衍空法師＋進修佛學課程＋興趣＋過往出版書籍＋讀者及學生支持……（其他未能盡數的條件與因緣）= Σ now（此刻的呈現）

當下一刻的發生，其實是所有因緣的總和。若欠缺以上任何一個條件，都不會有這一篇文章。而下一刻的呈現，則視乎上一刻的呈現、當下的身口意，以及其他條件於當下的組成。

ΣT0（把剛剛的now改成time 0，代表於time 0一刻的體驗、感受、認知、想法、行為及話語等）＋Janet＋出版社＋編輯＋佛教雜誌＋教授佛學碩士課程＋衍空法師＋進修佛學課程＋興趣＋過往出版書籍＋讀者及學生支持……= Σ T1（代表下一刻time 1的呈現）

如果用 ABC 來代替所有的因緣，可以得出：

Σ T0 + A1 + B1 + C1 + D1 + E1 +……	= Σ T1
Σ T1 + A2（代表 time 2 時 A 的呈現）+ B2 + C2 + D2 + E2 +……	= Σ T2
Σ T2 + A3 + B3 + C3 + D3 + E3 +……	= Σ T3

即使是同一個條件或因緣，在不同時候呈現都會帶來不同的結果。因此，每一個瞬間的呈現（Σ）都是當刻因緣和合最完美的總和。若果方程式是 1+1，答案一定是 2，並不是說 2 比 3完美或好，而是對於 1+1 來說，2 是最適合、最完整無瑕的答案。每一刻的體驗總和，必定是根據眾多因緣和合而生，除非因緣改變，否則不可能變得更「完美」或更「好」。所謂的「好」，只是我們的期望罷了。根據宇宙的因緣法則，答案是不會有例外，每一刻都是最好的安排。

以上的方程式只是以簡單的方法去解釋非常複雜的現實。要知道每一個因緣，都來自其他不同的因緣，而每一個當下都由不同因緣所組成。所以這是一個多面向、多次元的呈現啊！

每一刻的總和，都是由「非那一刻」（方程式等號前的不同條件及因素）組成。此刻的我源於過去及將來的我，加上各種外在條件因素而呈現出來，這就是佛陀對於無我的教導。若果當下的「我」是方程式的總和，「我」就是由一連串「非我」組成。在方程式等號前，你並不會找到「我」在裡面。

一行禪師說過，努力是生命河流中的一滴水。如果成功，不用太驕傲，若果沒有其他條件配合，事根本不能成；如果失敗，亦不須太自責，因為就算錯誤是失敗的主因，但若沒有其他條件配合，失敗並不能出現。當我們能深深體會無我的宇宙法則時，就能不費氣力地放下對結果的執著。

那無常又是怎麼運作的呢？

無我 →

$\Sigma T0 + A1 + B1 + C1 + D1 + E1 + \cdots\cdots = \Sigma T1$

$\Sigma T1 + A2 + B2 + C2 + D2 + E2 + \cdots\cdots = \Sigma T2$

$\Sigma T2 + A3 + B3 + C3 + D3 + E3 + \cdots\cdots = \Sigma T3$

無常 ↓

橫看是無我，直看就是無常了。每一刻，每一件事物都由不同因緣組成（無我），所以每一刻的呈現都會不一樣（無常）。

這就是佛陀教導我們的無常與無我宇宙法則。就像地心吸力一樣，無論你相信與否，你都會受到法則的影響。如果不順著法則走，痛苦就是必然。

每一個當下，都是每個條件與原因加起來的總和。有些人相信命運，有些相信人定勝天。這裡就解釋了，一切世事雖有安排，但我們的參與亦能改變結果。一行禪師在《佛陀之心 —— 一行禪師佛學講堂》教過我們：「我的行為（業）是我真正擁有的，我無法逃避行為所造成的後果（業果）；我的行為正是我立足的基礎。」意思就是，雖然有很多條件都不由我們控制，但要去做或不做什麼，可是完全掌控在我們手上。所以練習凡事盡自己能力所及，同時放下對結果的執著，就是讓我們能夠發揮最大影響力的有效方法。

希望透過練習，讓我們有覺知地選擇自己的行為，而不是無覺知地被自己的習氣或情緒選擇。

生活的修行

付出與接受
都是同等重要的生命課題。

第二章

尋找關係的平衡點

喜歡哪一個自己？

人生眾多關係裡，與爸爸的關係最難倒我。從小到大，我都很想得到爸爸的認同，彷彿得到他的認可，我就算「做到了」。活了差不多四十年，無論我覺得自己有多成功、有多滿意，我就是無法讓爸爸對著我豎起大拇指。

我們的關係很奇怪，越是靠近，我就越受傷；遠離一些，我又會感到內疚，總之左右做人難。

記得十多年前因為爸媽離婚，我擔心爸爸不習慣，所以就算我跟他不太合得來，當時為了表現孝心，我會要求自己每個星期至少跟他吃一頓飯。可是，實行不久後我發現，每次聚會都會因為委屈、誤解而不歡而散。我越是迫自己守著這一個只有我知道的承諾，我對爸爸的怨氣就越多。怨氣越多，我就越不想見到他，就越要迫自己出席，感到委屈、不歡而散的頻率就越高。

直到有一刻，我達到一個忍無可忍的地步，我問自己：「我做那麼多都是為了孝順爸爸，但吃了那麼多頓飯，他究竟覺得我有多孝順呢？究竟我要每個星期都板著臉跟他吃飯，還是一個月笑著見他一次？哪個算是比較孝順呢？」

如果我是爸爸的話，我寧可少見幾次，但希望每次開開心心的。總好過見面次數很多，但像仇人一樣相處。那刻，我發現我需要調整對孝順的定義，應該重質不重量。

那次之後，我們見面次數變少了。我的內心變得舒服，亦因為摩擦少了而比較相處得來。我的感覺告訴我做對了。

可是，過了一陣子，在心底又有一份莫名的內疚徘徊著。

我發現，原來從小到大我都遇到類似「究竟要維護自己的感受，還是要做個好人」的矛盾。我慣性選擇做個受他人認同的好女兒，但壓抑自己的感受。慢慢地，原來這個做法有很大代價——我變得很抑鬱。

佛陀說過，一切沒有好與不好，只有因與果。如果我強迫自己，我就會感到很委屈、沮喪；若果我減少見面，我的心會舒服些，但就要面對內疚感。

我發現沒有一個十全十美的選擇。原來有時要忠於自己，就要「背叛」他人，不然就要「背叛」自己了。

現在我會先問自己：「兩個選擇都會有點不開心，但若一定要二選一的話，你會比較喜歡哪一個自己？」

這個問題可以幫我釐清哪個選擇適合我。原來有些內疚，是需要學習共存的。內疚感並不等於我做得不夠好，反而是因為我真的在乎這段關係，才會有此感受。原來即使有不同的情緒，也不代表我個人的好與壞。

一切沒有好與不好，只是知道凡事都有因有果，懂得承受後果就可以了。一切都只是生命的課題。

好壞不二

在成長的過程中，有著不少被爸爸言語中傷的回憶。從小到大，我一直希望得到爸爸的肯定，但卻得到不少批判與否定，因此我感到頗傷心。長大後，我擔心自己會步爸爸的後塵，害怕自己變得喜歡批評，變得自大、變得自我中心……當中最怕的，就是變成讓他人痛苦的源頭。

一行禪師在《你可以不生氣——佛陀的最佳情緒處方》提過：「如果我們不懂得如何轉化與療癒內心的傷痕，也可能繼續將它傳給孩子、孫子。」

我看到爸爸的痛苦、祖母的痛苦。我真心希望能透過練習，將家族性的批判感在我這一代停止，不再延續下去。我猜這是其中一個推動我努力走在修行路上的原因。

在與他人的互動中，不時發現自己的言行有著爸爸的影子，尤其當兒子出世後，情況就更明顯。看到不喜歡的面向出現時，慣性動作就是批判自己做得不好。當我越批判自己做得不好，沒有成功擺脫爸爸的影子，言行就會變得更像爸爸。越批判內在的爸爸，就越憎恨自己；越憎恨自己，就越感到無助、沮喪；越無助，就越批判自己做得不好，形成一個惡性循環。

當我一次又一次觀察這個熟悉的循環，我發現一個有趣的地方：常被批判的短處與值得欣賞的長處，兩者本質並沒有不同。它們都是同根生，只是「劑量」不一樣而已。譬如：反思力強可幫助我們改進，但過度反思則變成自我批判；堅韌可幫助達至成功，但過分堅毅則變成執著；體諒他人可增加人與人之間的連結，但過分為他人設想，則容易忘記自己的需要。

過去多年，我一直批判爸爸的短處。有一天我問自己：「我是爸爸的延續，無可否認，我的確會有些地方像他。與其一直花力氣排斥這些面向，而且感到痛

苦，倒不如練習將這些面向以一個更健康的狀態呈現出來，不就可以了嗎？」我可以練習將批判轉化為辨別是非的能力；我可以練習將霸氣轉化為不拘小節的瀟灑；我可以練習將自大轉化為內在的自我肯定。

我發現，原來不需要將「壞」的部分移除，只需要好好了解它們的本質，透過善巧的應用，短處是可以變成長處的。每個面向並沒有好壞之分，只是若果面向背後被貪瞋癡支配的話，面向就會變成「惡」。但同時因為每個本質都沒有好壞之分，透過深入的觀察與了解，我們可以將「惡」變成「善」。

感恩這個洞見，它讓我可以用一個全新的角度去認識爸爸。

情義兩難全？

若果你不喜歡吃榴槤，卻收到榴槤，雖然是一份心意，但這份心意不會為你帶來幸福的感覺。試想他人不只送榴槤給你，還幫你切開，說：「很好吃，試試看！」我相信除了感受不到關愛，還會覺得痛苦。

喜好是很個人的。無論自己覺得一件事、一個方式有多好，套用在他人身上可以是完全不一樣的感受。愛亦如是。很多時，我們為他人付出的愛，未必是對方所需的。這種愛往往會讓對方感到壓力，甚至為對方帶來傷害。試想想，若果餵榴槤給你的是至親，大家可以想像雙方關係的距離有多遠。

爸爸很熱心，每次見面都會買很多水果、零食給我們。可是這些水果不適合我們的體質，而兒子亦甚少吃零食。因為不希望浪費爸爸的好意，唯有收下。可是當一次又一次收到一大堆根本不適合自己的好意時，我感到矛盾與困擾：「究竟要勉強自己將這些東西吃下，要將它扔掉，還是退回給爸爸？」

類似情況發生了十多年，慢慢地自己對爸爸的耐性也開始減少。我曾嘗試告訴爸爸這些食物並不適合，但訊息好像一直都未被爸爸接收到。有次我終於受不了，壓抑多時的怒火按捺不住，於用餐時高聲表明不希望接受這些食物。

其實事後自己都感到進退兩難：接受爸爸的愛會讓自己很難受；不想接受，但不知道可以如何更善巧地表達。思前想後，決定給爸爸寫一封信。

親愛的爸爸：

感謝您昨天專程探望我們，這份關愛讓我感到窩心。可能因為從小我們沒有住在一起，所以您可能不太清楚我們的飲食習慣。昨天收到的水果及零食，讓我感到您對我們的關愛，謝謝您的愛。不過爸爸買來的水果

與零食，並不適合我們的體質，同時因為數量過多，我們根本無法吃完，不少次因為過期而需要棄置。除了浪費您的心意，也浪費食物。

抱歉昨天我大聲向您表明不滿，傷了您的心。其實我也感到難過。我很希望能接納您的愛意，不過我遇到的難題是，若果勉強自己吃掉所有食物的話，身體會感到不適；但推卻您老人家的心意，又會讓您傷心。無論收不收下，我都感到壓力。我知道這並不是您的原意。

若果您想買東西過來，請讓我先告訴您我們的需要。這樣就可以完全享受您為我們帶來的幸福，同時您亦不用為購物而傷腦筋。我想這樣，大家可以透過調整而感到舒服、自在。

爸爸，感謝您的用心，我也很愛您。我希望能找到一個更有效傳達愛的方法，這樣大家都會感到幸福。

女兒上

寫完這封信後，爸爸的關愛方式真的改變了不少，而自己再沒有感受到進退兩難的壓力了。原來善巧的表達可以讓雙方都感到舒服，感恩終於可以更好地感受爸爸的愛。感恩爸爸願意作出調整，感受到老人家其實真的很愛自己。

但願人長久

最近看了電影《但願人長久》，這是關於導演祝紫嫣與患有毒癮的爸爸的故事。跟祝紫嫣一樣，我與爸爸都有如鴻溝般的隔膜，讓我一直不能釋懷。我希望藉著電影來學習，重新建立與爸爸的關係。

自有記憶以來，我都努力不懈地希望透過種種方式來得到爸爸的認同與愛。從未接觸修行前，我不斷無意識地討好爸爸；到剛開始修行時，我努力地修復關係（其實只是想改變他）；後來我放下討好與修復，與他保持距離；再到近期，我希望建立關係中的和諧（這次不想改變爸爸，反而想著如何接受他的原貌）。

爸爸的挑剔、無理和不負責的行為讓我感到不被愛。埋怨了爸爸三十多年，我希望他能變成更好的人，但我發現，每句埋怨的背後都有著一份羞恥感，同時帶著深層被愛的渴望。我一直以為他是我人生的「大魔王」，但經過多年觀察，讓我發覺其實他是我心中最常出現的人，原來他是我最愛、最在乎的人。

電影中，有毒癮的爸爸年輕時不懂得如何為人父母。連維生都有困難了，試問哪有空間想得更深遠？到了老年，爸爸在牢獄中看到小女兒探訪，才懂得要珍惜眼前人，只是與大女兒的隔膜已經很大。電影再次提醒我們，其實大多數父母都已盡自己的方式去愛子女，只是作為子女的我們，會希望得到更稱心的關懷方式。我們會迷失於愛的外相，而無法深入了解外相背後，愛的本質。

前天有機會與爸媽茶敘，我希望再次好好學習建立關係裡的和諧。我發現平時我對他說的每一句話都很有反應，因為覺得他在挑剔我。但這天，我抱著重新認識他，也重新認識在他身旁的自己的心態，好好聆聽爸爸每句話背後的真正意思。一如以往，爸爸再次提起二十年前的「風光史」。以前聽到，我會反感，覺得他很自大，完全不在當下。但我聽到：「似乎你對那段時間的自己感到非常自豪啊。」以前聽到他說朋友的不是，我只會覺得他在「放負」，但今天我聽到：「其實你很受傷，你希望朋友能跟你分享公司的盈利狀況。」其實每句話，都只是顯現了講者心中的投射、想法與信念。原來這樣，放下自我，我才可以更深入地理解爸爸每句說話背後真正的意思。

今日，我表面像是聽到同一番說話，但第一次聽到不一樣的訊息。

這讓我發現，雖然多年來，我希望修復與爸爸的關係，但其實內裡一直不願意放下那份傷痛。直到近期，我才真正願意放下取回公道的心態，也放下「爸爸應該怎樣」的無理要求。讓事情歸零，好好地重新認識現在的爸爸與自己。

我知道修復過程並不是一條直路，但這是一個很好的開始。

願各位都能與父母和諧地共處。

久等了的交流

從小到大，我跟弟弟的性格就很不一樣：一個好靜、一個好動；一個聽話、一個探索；一個內向、一個外向。自小爸爸會將我們比較，特別當話題圍繞著成績及乖巧程度時，弟弟就會被比下去。記憶中弟弟常常被爸爸責罵，每次聽到、看到，我都很心疼。

我倆一點都談不上親密。讀大學時，大家的互動都只有「哈囉」「拜拜」而已。我一直希望能跟弟弟的關係有正面突破，但始終沒有等到一個合適的時機。

有次參加大學的話劇表演，完結後與同學慶祝。導演因為籌備話劇時承受極大壓力，到慶功當晚，所有感受與情緒都一擁而上。因為事出突然，甚少夜歸的我忘記打電話跟媽媽交代，也沒留意到手提電話的電量已經用盡。我倆聊到凌晨三點多才回家。後來才從媽媽口中得知，弟弟一直記掛著我，擔心我出意外，所以開車出去找我，不過最後因找不到而折返。

那是我第一次知道弟弟對我的心意。話劇事件後，我就再沒有機會感受弟弟的關心。

自禪修以來，我其中希望改善的就是與弟弟的關係，希望化解從小到大的誤會或者傷痛。不過，可能他還沒準備好吧，每次邀請弟弟聚會，譬如 double date、一家人去爬山等，最後都會被客氣地婉拒。我嘗試走近，反而為他造成更大壓力。慢慢我選擇給大家一些空間，並且尊重他的節奏、他的意願。同時祈願我倆有天，當因緣和合時，可以進行內心的交流。

二十年後，這個機會來了。

最近因為兒子的同學確診新冠肺炎，所以我們一家被送到竹篙灣隔離。離營後，我收到弟弟傳來的慰問訊息。這讓我感到窩心又驚喜。這次跟他分享入營感受時，他也告訴我最近遇到的難題與感受。這真的是四十年來的第一次！感恩這機緣，讓我能訴說對他的關心及珍愛。我一直等待這個敞開心扉的機會，他也承認以前因為叛逆，導致我倆未能有更深的連結。我倆也將這次的交流認定為一段關係的重新開始！

原來，只要有願心，當因緣具足時，無論關係如何，都可以有轉化的機會。

在因緣到來之前，先準備好自己，同時學習順著生命河流走吧。

我們是隊友，不是敵人

前陣子與先生因為一件雞毛蒜皮的小事而有摩擦。事情源於某天在家時，我跟先生溫馨提示：「請記得關好抽屜啊。」先生煩躁地回應：「我剛剛在講電話，一時沒有關而已！」不舒服、委屈感立即湧上心頭。情緒來的時候，少說比多說有益，於是大家當晚再沒有說些什麼。

「為什麼他要為雞毛蒜皮的事生氣那麼久？」「其實小氣的是我？」「我已經語氣很好地跟他說了，他都這樣鬧情緒！」「他一定覺得被誤解了。」我生氣地來回思考著。那晚睡得並不好，總覺得兩個人之間被一股氣阻礙著。

「我要跟他道歉嗎？不如做『重新開始』練習？

可是，當時我已經用非常溫柔的語氣說話啊。」反思多次，我自問自己已經說得非常善巧了。同時，我亦知道那段時間先生因為其他事情煩惱，他大概有壓力吧。「其實誰都沒有做錯，不過大家都感到委屈，大家都受傷了。」我很想結束這場無聊的冷戰，可是氣還消不下去。

當我從自己的角度去思考時，怒火就很容易回來：「為什麼常常都是我為他找下台階？」可是當我從雙方的角度去想時，知道冷戰都讓大家受苦，包括自己：「現在不是計較誰對誰錯的時候。這件事沒有對與錯，只是大家的角度不一樣，只是一個誤會而已。冷戰持續下去，對大家都沒有好處。不如就為了自己不想受冷戰所害，先主動開口吧。」

找了個機會，我示意想聊聊。先生雖有點愕然，但都跟著我到房間去。看著他的眼睛，我說：「我想給你一個擁抱，可以給我一個擁抱嗎？」我們抱了好一陣子。我接著說：「與你沒有融洽相處時，我感到很傷心。」「我也是。」先生回應。我們再多擁抱一陣子，親吻了對方一下，之後就手拖手步出房間，與兒子玩耍。

當真心想和好時，擁抱可以立即化解不少恩怨。當時我想：「如果因為一口氣而繼續鬧下去，真的不好受啊！還好我先開口啊！」

當雙方在關係中受苦時，覺知到自己其實亦在受苦。沒有人想要負面情緒，但很多時候負面情緒只是一個自我保護機制。若沒有覺察情緒的話，過分自我保護則會弄巧反拙。覺察可以令我們學習認知、包容情緒，以及原諒自己。

當情緒穩定後，需深深地反思及檢視自己的不善之處，同時嘗試了解對方的出發點。要記得大家其實是隊友，不是敵人。

你的幸福與對方的幸福是同體相即的。多練習從雙方的福祉去想、去說、去做，這樣也會感到幸福自在。

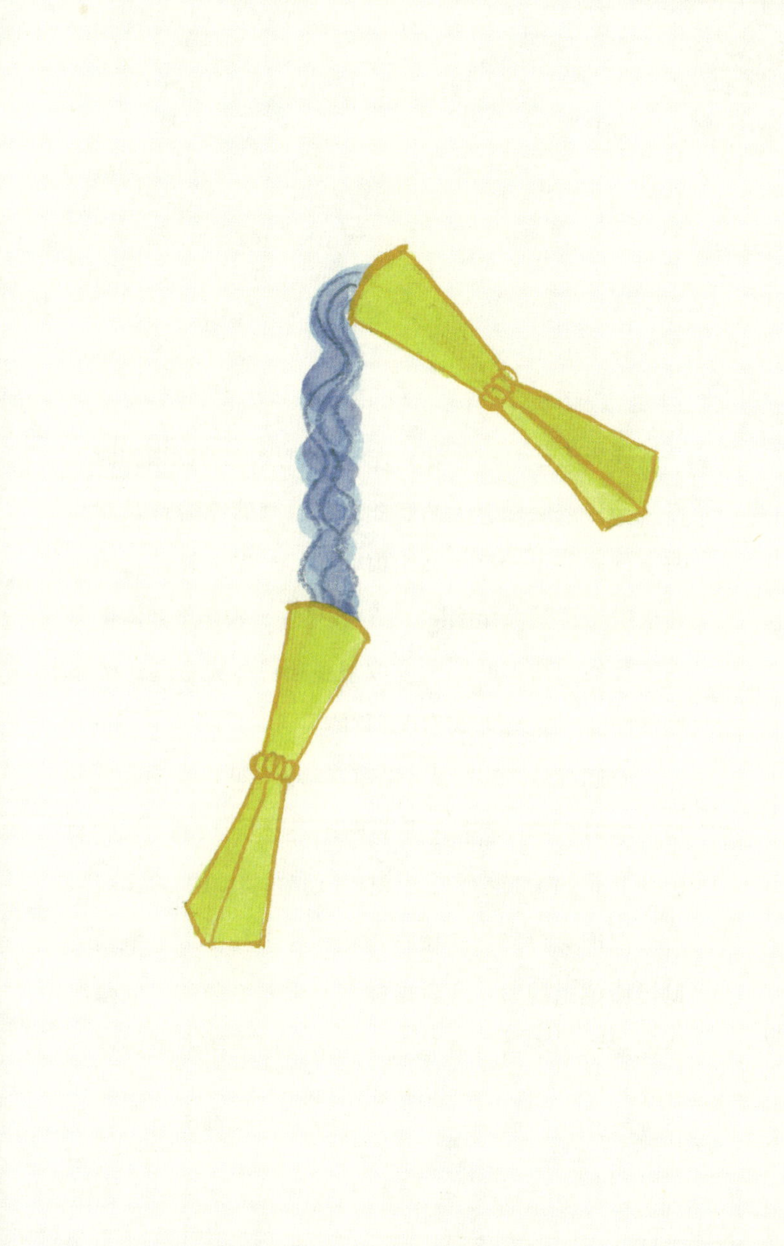

溝通的藝術

與先生在一起十四年了。我們的人生方向很相似，也有不少共同嗜好。話雖如此，我們的家庭背景以及做事作風都不一樣。其中很明顯的一點，就是我倆處理事情的節奏（timing）。對我來說，效率是非常重要的，我傾向在短時間內完成很多項目；先生則比較喜歡慢慢來，是一個慢工出細貨的人。

我們有各自的特長。這麼多年來，我們能夠在對方身上學到不同的處事方法。不過，回想起以前，我們的確花了不少時間磨合，才找到一個和諧共處的方式。

以前覺得先生的慢吞吞是代表不在乎或者懶惰。但慢慢透過觀察，我發現當面對重要事項時，他會很快地完成，不過只會發生在非常時期。節奏不同並不是誰的錯，只是作風不一樣。除此之外，每個人的著眼點都不同，因為每人的需要都不一樣。角度不一，不代表對方不尊重我，或者不愛我。

明白了這點之後，我努力找出讓大家可以明白雙方不同需要的方法。有次我們的家需要裝修，有不同的範疇需要處理，因此大家分工合作。理解到大家的步伐不同，我建議訂立各自負責的項目與限期。

一如以往，分工後我迅速地工作，在限期兩星期前已完成自己的部分。緊張的我暗地觀察先生的進展。眼看只剩下一個星期，還完全沒有動靜，這讓我無法放下心來。習氣驅使我開口催促，但過往的經驗提醒我，這樣只會引起雙方不和。最後對方會懷著怨氣完成，但這並不是我想看到的結果。不過，忍住不說、不看又會讓我感到委屈及生氣，真的不知道該如何是好。感恩「重新開始」練習，它啟發我想出一個既可以照顧我的憂慮，同時又不得失他的方式。

「親愛的，我想請你幫忙，你可以幫幫我嗎？」我問。

「當然可以！請說！」

「關於要處理的裝修事宜，我知道還有一個星期才到限期，而我亦知道你會遵守承諾。但我看到你好像還沒有開始，我很擔心。我不想嘮叨你，但如果不說出口，我又很忐忑。請問我可以怎樣做，才能尊重大家的節奏而同時感到安心呢？」

先生很輕鬆地回答：「喔，很簡單啊！其實我打算明天開始。放心，我會如期完成。這樣你會感到好些嗎？」

「謝謝你，知道你的時間表讓我舒服多了！」

因為每個人都有其獨特之處，相處上難免會遇到磨合的困難。好好回到呼吸，安撫情緒。透過觀察，我們可以理解對方與自己的本質。了解本質後，我們可以誠實地表達自己，同時又善巧地讓雙方都感到舒服自在。

溝通的確是一門藝術。雖然不易，但雙方都能受惠啊！

緣來緣去

結束了一段十二年的婚姻。回想由結婚、變成父母，到提出離婚，最後收到法庭的絕對離婚令，一切就像一場夢。

反思整段婚姻，其實開始相處時，就覺察到關係裡的核心矛盾。雖然覺得這核心問題可能會導致分手收場，不過前夫是一個不折不扣的好好先生，令我相信透過大家的努力，應該可以迎刃而解。

我嘗試追溯過去每一個片段，看看哪些地方可以更善巧，哪些體驗可以避免。我發現當關係走到某一個階段，遇到特定因緣，關係的某些面向才會被看見。若沒有遇到合適的「因緣鑰匙」，是不能預知那些面向的。譬如婚後的某些互動方式，是婚前無法看到的；

某些互動方式，需要小孩這一因緣才能體驗到。

儘管開始交往不久便看到核心問題，但反思十四年前那個由五蘊所組成的我，因為自己的感受、凡事要盡自己最大努力的信念，加上自我投射，以及對外相的執著（到若干年齡一定要結婚、正念的修行人一定可以有和諧的婚姻等），其實仍然會選擇與前夫步入婚姻。同樣地追溯每一年，以我的性格，也真的會嘗試過所有方法，最後才會選擇放手。原來放手都需要足夠的因緣。

雖然無法維持婚姻關係，但因為小孩，我與前夫永遠都是一家人。我曾問自己：「其實在這段關係裡，我最珍視的是什麼？」比起婚姻與家庭結構，我認為和諧更重要。當因緣不具足，若然繼續堅持維繫關係，可能會失去最重要的要素（和諧）。若然要保有最重要的要素，有時調整關係的形式也是必要的。這時，就需要學習放下對外相的執著了。

之前一直覺得對方沒有盡力維繫婚姻，但今日回想：「究竟是對方沒有盡力，還是我一直要求一些對方無法提供的東西？」這個問題像硬幣的兩面。其實問題從來不存在，一切只因執著而起。

就算「坐在同一間屋」，對著「同一尊觀音」，但人事物已事過境遷，內在的平安與體悟卻有增無減。感覺有如看著雲朵飄過，一切的顯現像霧、像雨、又像風。緣來了，擋不住；緣盡了，留不住。

緣來緣去，沒有人能夠預知未來，有些事亦不能避免。但透過守好每一刻的身口意，每一步都可以踏實、穩定、無悔甚至感恩。

雖然卸下了夫妻角色，但我倆的內心卻變得更平靜，兩人的關係變得更和諧，而一家三口也找到一個新的形式相處。

原來生命可以有很多可能性。

媽媽要去潛水

剛從五天的宿霧旅行回來，這是離婚後第一次獨自帶兒子出行。

第一天抵達宿霧的度假村後，我便陪同兒子游泳、到兒童天地玩耍、吃東西。看到兒子玩得開心，自己也感到愉快。第二天的行程一樣，兒子高興非常，並不斷要我陪他玩耍。我們在兒童區域裡玩沙，然而玩了一會兒，我開始感到無聊，畢竟在香港也常常一起玩沙。納悶之際，我覺察到自己想做瑜伽、做運動、曬太陽、睡午覺、寫日記……希望自己也能做一些度假的事情。納悶的同時，也意識到包容力開始減少。

多年的觀察讓我清楚這是來自身心的訊息：「除了陪伴兒子之外，也需要照顧自己的需要，因為壓力已經開始增加。」可是沒有其他朋友或傭人同行，我不能擅自離開。那如何能讓大家都玩得開心呢？

選擇宿霧的其中一個原因，是因為自己嚮往潛水。我希望讓兒子慢慢接觸浮潛，認識海底世界。兒子是個慢熱的小孩，需要時間適應新事物，只可惜這趟旅程只有數天。第二天他半推半就地到海邊。因為害怕，所以兒子在海裡漂浮時，一直像隻樹熊般緊貼我的背。過了一陣子，他開始放下心來，也開始感受到浮潛的樂趣。雖然只浮潛了三十分鐘，但我有如充飽了電，也能真心投入到與兒子的玩樂中。這讓我發現，照顧好自己的需要，原來能為雙方帶來更多正面互動。

眼見他沒有抗拒，我們就約定每天三十分鐘的浮潛時間，他也爽快答應。隔天準備出海時，兒子卻臨時改變心意，哭著說不想去。我心中不斷思考：「怎樣才能對應到大家的最高真善美？我要勉強自己來遷就兒子嗎？還是勉強兒子來遷就自己？」他一邊哭，我一邊看到自己的包容力越來越低（因為已陪他玩了很久）。若果放棄三十分鐘浮潛的話，我會感到勉強，同時也強化兒子覺得所有人都要遷就他的期望。

我決定狠下心，要兒子選擇：要不自己在海灘玩沙，要不跟我一起浮潛。因為心裡感到不爽，我並沒有空間安撫他的情緒。我們就分開一陣子，各自處理自己的情緒。意外地，兒子獨個兒哭了幾分鐘後，他的情緒就穩定下來，並說要陪我出海。下水後，他又變得興高采烈。

最後一天準備回港前，我問兒子：「你這幾天玩得開心嗎？」

「非常開心！」兒子笑著說。

有時兩人互動的確會有分歧，分歧亦會產生情緒，但我們可以先讓情緒跑一會兒。這個經驗讓我發現原來跟對方坦承自己的需要，這樣的遷就是可以讓大家都玩得開心！

表達的真正作用

阿敏（化名）是一位逆來順受的人，因為懼怕他人不高興，所以她很少開口表達自己的感受。最近公司在人事安排上有些改動，這讓阿敏很不舒服。她覺得自己被安排他人不願意接受的差事，很不甘心其他「靠惡」的同事可以輕輕鬆鬆地工作。阿敏很生氣地跟我抱怨：「我知道要處理自己的憤怒，但我已經不能再忍受這些不公平對待！我知道我可以轉工，但我總不能只是一直被動地轉工！」

認識阿敏已經差不多十年。大多時候，她都會將責任扛在自己的肩膀上，怪責自己沒有做好些。她對自己有很高的要求，但正因為要求不易達到，所以會落入壓力、失望、自我懷疑及無助的惡性循環。

這是我第一次感受到阿敏的憤怒。她的憤怒讓我想起美國精神治療專家大衛．霍金斯博士（Dr. David Hawkins）的意識圖表。圖表把情緒分成高頻和低頻能量，並以「勇氣」作為從低頻能量轉向高頻能量的關鍵情緒。雖然「憤怒」和「自責」都是低頻能量，但從意識能量來看，「憤怒」比「自責」的能量高。雖然憤怒不是一個正向的情緒，但對比起自責，其實在意識層面上是有「進步」的。

正念練習教導我們以純粹的態度去觀察內外的顯現。雖然阿敏覺得自己一直都沒有進步，但正正因為她容許自己憤怒、不壓抑，所以就能夠從低能量的「自責」上升到較高能量的「憤怒」了。

憤怒只是一股能量。它的作用是保護自己，為自己與外界設定一條健康界線。

當遇到不公平對待時，感到憤怒再正常不過，但憤怒容易驅使我們意氣用事。原意想為自己爭取權益，但不能控制的情緒卻可以把事情搞砸。所以當感到憤怒時，容許自己有這樣的情緒，不過拒絕在此時作出反應。憤怒時可以行禪、做運動、找朋友聊天。待憤怒平息後，我們才跟對方表達自己的感受。

放下憤怒後，要做的並不是指責對方，而是清晰地表達自己的感受，表明自己的意願或底線，以及請求對方的協助等。

過了幾天，阿敏鼓起勇氣跟上司表達自己的感受。雖然最後上司維持原定安排，但難得阿敏能鼓起勇氣為自己爭取，我為她感到驕傲，因為她以前絕對不會為自己發聲！不過因為結果未如理想，讓她感到氣餒非常。

我跟阿敏說：「說出自己感受後，若果能得到對方的認同及協助，的確是最好的結果。不過重點並不在此。這個動作可以幫助你釐清事實。跟上司討論後，你更清楚團隊的運作方式，就可以釋放自己，不用浪費心力猜疑，只想著：『如果我說了會怎樣，不說會怎樣。』清楚了解團隊的運作模式後，你就能清晰地選擇：留下來或是離開。看清楚了，你便會知道命運、體驗，其實來自每一刻的選擇。」

我們不能改變外面的運作，但我們能掌控自己如何反應。善巧地表達自己能助我們更清晰地做選擇。

11

好人做壞事

昨天我解僱到任不夠一年的傭人。對我來說，解僱員工一點都不好受。可能因為性格影響，每次遇到難題的時候，我習慣反思自己以及調整自己的態度、想法，希望更有效地（減少情緒的影響）對應面前的狀況。

我之前留意到，傭人的衛生準則並沒有符合我們的標準。起初看到的時候，會心想：「有沒有搞錯？怎可以那麼馬虎？」隔了一陣子會想：「大家來自不同文化、教育背景，對我們來說普通的衛生常識，對傭人可能並不是那麼普通。」之後就說服自己練習慢慢去講解為什麼要這樣做、那樣做。

我試過以一行禪師教導的「灌溉花朵」練習（表達欣賞和感恩），跟傭人談過她的工作表現，以及詢問如何可以協助改善善忘及衞生上的陋習。

可是情況一直沒有好轉。當日子越久，我與先生因為傭人做不好分內事而越來越煩厭與困擾。多年來的正念練習教導我，覺得煩厭的時候，練習回到呼吸，覺知自己的情緒，並盡量不要把怒火遷怒於傭人身上。同時練習深入了解事實，減少對他人的誤會。但過程中一次又一次受到挑戰，過去十個月已讓我疲憊不堪。

我留意到自己有一個概念：「正念的練習者應該要帶著慈悲，體諒對方的難處。」我覺得若果解僱她，就是不夠包容、不夠慈悲。

最近閱讀聖嚴法師的著作，講及慈悲與智慧必須並重，不可以濫用慈悲。聖嚴法師的一席話好像正念鐘聲，提醒慈悲必須配合智慧。讓我反思，我的容忍究竟是縱容，還是包容？

這幾天，我發現傭人沒有妥善處理環保尿布，她將未曾沖洗過的尿布與衣服一同放進小小的洗衣袋裡，導致兒子的皮癬問題持續。那一刻，我覺得底線真的被踩到了。

最後決定要解僱她。跟她說明原因時，我內心雖然很不情願，但還是很純粹、很坦白、真心地跟她議事論事。她有如一切在預測之內，很平靜地回應：「我明白的。其實我有預感自己會被解僱。」

還沒接觸正念之前，每次「分手」都很激烈，對大家造成很大傷害。我一直有種錯覺，有正念的人是不會主動提出分手，原來並非如此。有時，好人都需要做「壞事」，只是盡量有意識地去做，盡量做得比較善巧，希望盡量減低傷害而已。沒有想到，整個解僱過程來得非常平靜，而大家都好像鬆了一口氣。

原來所謂放下，就是連「好事」「好人」的標籤都要學會放下。

恐懼與成長的關係

前一、兩年看到一位朋友在臉書上分享在書上讀到的一席話：「『害怕』，就是因為想去做。不想做的話會覺得『不想做』，『害怕』並不是不想做。」

這席話深深地影響我。它提醒我，頭腦的恐懼有如夢幻泡影，要打破它的制約就一定要身體力行。自此之後，我常向恐懼挑戰。我發現，當你敢向「虎山」行的話，原來「老虎」只是紙造的！

疫情開始之後，我的工作模式有很大改變。因為暫停了外地教學的安排，有更多時間在香港教授團體課。其實幾年前已打算從團體課中抽身，希望把時間放在自己嚮往的深度課程中，如師資課程、禪修營，以及有關正念生活的課程。可是合作單位多次表明，希望我能夠保持恆常的團體課，讓學生有多個平台接觸我的教學。當時因為不想讓對方失望，就擱置了離開的想法。

現在有了小孩子，發現自己可以運用的時間變得非常珍貴。時間有限，工作量變多，再加上要平衡陪伴孩子、陪伴先生以及照顧自己的時間，我忽然感到肩膀上背負很大壓力。可能因為這個壓力，自疫情以來，皮膚就開始不斷出狀況。每晚到了凌晨一點，就會因為皮膚痕癢而醒來，有時會癢個三個小時才能入睡！

因為政府下令瑜伽館停止營業，所以我休息一段時間，皮膚的狀況也隨之穩定下來。

「是時候放下團體課」的聲音又來了。皮膚問題提醒我，是時候執行工作的斷捨離了。

我想把寶貴的時間，專注於自己嚮往的東西上，讓自己繼續成長。可是，當我幻想向合作八年的夥伴辭退團體課時，我真的很害怕！我害怕讓她失望，我害怕她覺得我飲水不思源！但身體一次又一次地提醒我：這個決定已經擱置兩年，不可以再等了。要不繼續為他人著想，繼續忍受皮膚的痕癢；要不為自己站起來，但需要面對讓對方失望的可能。

無論你多想為他人著想，有時都難免因為要照顧自己的需要，而讓他人失望。

內心掙扎了一個多月，終於鼓起勇氣把我的困難和決定告訴給夥伴。她的反應比我想像中平靜。雖然我的離開會影響她的計劃，但她亦尊重我的決定。

當我說出內在感受時，整個人都放鬆了。原來最難過的關口只是自己。

恐懼的背後藏著很多成長的機會，跨過它之後，又有另外一片天。

13

和諧互聯網

在疫情期間，不難看到相即的存在。戴口罩的習慣就告訴我們，健康並不能單靠個人的努力去維繫。若想自己健康，我們也要照顧他人的健康。

除了個人與他人的健康之外，每個人的本分是否做得好，都絕對會為他人帶來影響。這個時候，只是「各家自掃門前雪」是不足夠的。除了做好自己本分之外，練習信任他人都是無比重要。

譬如我到一間咖啡店買咖啡，首先我要確定自己有做好預防措施及沒有病徵；咖啡店老闆要相信我有做好個人衛生；我亦需要相信咖啡店的員工都有做好個人和咖啡店的衛生；若果咖啡店有僱用清潔姨姨的話，咖啡店亦需要相信清潔姨姨做好工作，並定期消毒；清潔姨姨必須要相信所使用的清潔用品符合標準，且具消毒功能；每一個市民需要相信，從外地回來的朋友會先在家中隔離，做好個人本分。

這讓我想起，幾年前因為與先生吵架而發現的有趣事情。

平常我與先生很少吵架，而且我們常常共處在同一空間。有次我們在吃飯時吵架，看著他的臉，我真的吃不下去，所以生氣的我就把湯帶到書房去。因為他還在吃飯，所以我選擇去洗澡。洗完澡之後，他進了書房，我就跑到廚房把晚飯翻熱。因為平常很少需要翻熱食物，那一刻我才發現：「原來吵架是一件很不環保的事情！」平常的晚飯只需要煮一次，但因為吵架就需要煮兩次；平常吃晚飯只需要打開飯廳燈，但因為吵架就需要打開飯廳燈與書房燈；平常洗碗只洗一次，但因為吵架需要洗兩次！因為吵架，電費可能需要比平常多花三成！

同一個道理。在社會裡，若想要和諧，我們就需要做好自己本分，即是修好自己的貪瞋癡。這樣，他人會因為你的自在而被你感染。人與人之間，越有信任就會越環保。就好像你去茶樓，如果你知道那一家的衞生要求很高時，你就不需要再用熱水清洗餐具。

個人福祉與世界是互相關聯的，我們並沒有想像中那麼獨立。要和諧，首先要做好自己。只有這樣，和諧互聯網才得以建立，整個城市，甚至地球才能夠盡快恢復！

認識自己的能力範圍

隨著季節的轉變，慢慢已經到了二〇二〇年的年底。這一年實在過得很快。這一年，我在不同的領域上，都慢慢從「我不知道可以怎樣做」，轉變到「試試這樣吧、試試那樣吧」，再到「原來我可以」。

這段期間，最大的課題就是將埋藏心裡的感覺與伴侶、他人分享。我的習氣是害怕影響他人或者增加他人的負擔，習慣將想法藏起來。這一年因為兒子從嬰兒成長為一個會跑跑跳跳的小孩，內心掙扎也隨著兒子的成長而變得更明顯：「究竟要投放多少時間給小孩？」我一直以來知道自己不想成為一個全職媽媽。可是當我真的成為母親時，卻發現愧疚感會因為做「兼職」而生，總是覺得不放棄一切就不能做一個好媽媽。

兒子出生後的第一年，我留意到當自己放下工作，全職照顧兒子時，會暗暗地生起不少壓抑、埋怨。但當自己離開一下，去教學、做自己喜歡的事時，發現我除了能夠更投入到媽媽的角色，連妻子、朋友、老師、學生這些角色都會變得更投入！

我慢慢開始分配時間給不同角色：六成時間給自己，四成給兒子，這是我的黃金比例。如果勉強自己把更多時間放在媽媽這一角色上，我便開始力不從心。反而當我容許自己放棄成為盡善盡美的媽媽，給自己一些時間去照顧自己、去做自己喜歡的事，回家時就算小孩哭鬧，我都有較大的心靈空間去包容，平和且快樂地面對這些「挑戰」。若果我勉強自己，當不如意的事情發生，內心並沒有空間去觀察並關注自己的情緒，這時，說出不善話語的機會就會大大增加。

這一年我學習到，若果我想在不同關係裡找到和諧，我必須要先懂得尊重、誠實地面對與接納自己在每一個角色裡的能力與限制。有些角色我可以做多些、有些事情無能力兼顧太多。要得到外在的和諧，我首先需要從內在取得一個和諧的平衡。當我盡力後仍不足的話，相信身邊的人會很願意幫忙。我不用把所有事情都背在自己的肩膀上，我可以容許自己做一個不盡善盡美的人。

要達到關係的和諧，我們需尊重自己及他人的限制。勉強真的不會有幸福，除了傷害身心外，他人亦不會因為你的犧牲而感到真正的幸福。

15

不好意思的另一面

這幾年留意到自己有一個「不好意思」的習氣。跟學生與朋友們談起，我需要練習將自己的需要及想法說出來。有不少學生與朋友聽到後，都覺得沒可能。他們說：「你是最不會有表達困難的人，因為每次都聽到你可以很清晰並詳細地表達想法、需要及要求。」我告訴他們，其實每次表達自己的想法及需要時，內心都經歷不少矛盾與掙扎。

就最近找新居一事為例。姨姨是地產經紀，雖然她負責商戶物業，但因為在行內超過三十載，所以她幫助我聯絡不同區域的經紀，希望助我找到合適的住所。每次姨姨帶我到不同地方看租盤時，我內心都感到非常不好意思。三星期內，差不多看完整個香港島符合條件的租盤，但還是沒有找到稱心的單位。在這個過程中，我留意到不少念頭：

「你要求太高了，你看，多麻煩他人。」

「姨姨會覺得你很麻煩。」

「你讓經紀們做那麼多工作，但又沒有回報。」

「其實看過的已經很好，為什麼你還是不滿意？」

這股歉意不斷膨脹，甚至讓我只想隨便租一間，這樣就不會再麻煩到姨姨，也不用再面對自己的歉意。但我知道隨便選擇的話，又會帶來另外一個很熟悉的感覺，那就是自責與後悔。這些念頭一點都不陌生，小時候，我不時從家人口中聽到類似的話語，所以跟「不好意思」的感覺有如青梅竹馬般一起成長。深觀這些感受與想法，我發現自己很怕變成一個負累，覺得每一個幫助自己的人，都需要犧牲自己來成全我。

理性知道這是一些過期的想法。我很想跨越它，但不知可以怎樣做。我希望能夠找到同理他人與聆聽內心需要的平衡。

直到有一天，我發現每個幫助過我的人都是一份

祝福，都是一種表達愛的方式。經紀們（包括姨姨）無論如何都會收取佣金，其實可以得過且過，隨隨便便，但他們卻選擇用心而投入地幫忙。每個人都有自由意志，當事情沒有勉強到任何人（包括自己），清楚每一個選擇，能夠承擔選擇的後果就夠了。

我們既可以把一杯水看成半滿，也可以看成半空；既可以把他人的幫忙看成負擔，也可以看成愛的表現。同理他人很重要，但過分同理而忽略自己內心的真正需要，就需要作出調整了。

當我把他們的幫忙看成為愛，不好意思的感覺就變小了。這是付出與接受都同等重要的生命課題。

16

衝突中的禪修

最近收到一封很長的電郵，寄件者是一位跟我學習好幾年的學生。信裡她道出對我的不滿。以前若收到類似電郵，我會產生各種不同的情緒，無論對自己，或對他人。意外地，這次閱讀訊息時並沒有不悅，也沒有覺得對方針對自己。我看到對方的苦衷，也看到自己的苦衷。我同時發現覺知的重要性：無論發生什麼事，它都能保護我們免受自責、後悔及其他情緒困擾之苦。

想了很久要否回覆，要否解釋。我不希望對方覺得我在為自己辯護，但也不想對方覺得我不在乎。思前想後，我發現其實解釋與否不是關鍵，關鍵是對方有心就會願意聆聽，反之亦然。原來事情到了這個地步，一切要看大家的緣分。所以，我決定這樣回覆她：

你好，

我常常都想起你。知道現在你遇到不少挑戰，自上次聯絡後，我知道慰問可能為你帶來壓力，所以決定遠距離為你送上祝福。

感謝你抽時間寫這封信。我知道當中需要很大的勇氣，也感恩你告訴我，讓我更了解他人的角度。原來你在這段關係感到受傷，而且不只一次。讓你委屈了，對不起，讓你有這些感覺。

從你的信裡，我發現事實真的很玄妙。原來站在不同角度，可以看到很不一樣的風景。我並不想解釋太多，因為不希望你覺得我在為自己辯解。唯一可以說的是，我對你一直只有真誠的關心，一直沒變。讓你誤會了，也屬我的不善巧，我會好好反思。

我不知道未來會如何，如有需要，當你感舒服時，我的心還是為你打開的。

送上最真摯的祝福。

Janet

把電郵傳出去後，就將關係交給大家的福德了。

感恩，我很快收到學生的回覆，感謝她的體諒與同理。她說，這封信讓她第一次遇到衝突時學會表達自己。過往她常因表達感受而受到對方猛烈的反擊，讓她再次受傷，也讓她更害怕打開心門。這體驗讓她發現，原來遇到對的人，透過實意地分享自己的感受，無論舒服與否，除了可以維繫關係之外，還可以化解雙方的誤會，加深彼此的關係。

她感恩我接受如是的她，但其實我同樣感恩她接受如是的我。

在這個體驗裡，我學到愛能超越不同相。就算有分歧，都可以透過善巧的言行，純正的初心，互相滋養，一同成長。

生活的修行

我們就像一條生命河流，
沒有一刻是一模一樣的。

第三章

心靈的修煉

潔淨的身，清淨的心

最近與一位對身心健康很有研究的朋友聊天，大家聊到身體其實知道自己需要哪些營養。她說了一句：「只有由『乾淨』的身心發出的訊息才算準確，不然大家就只會不斷吃零食。」

她的說話很有道理。我想起《瑜伽經》裡提到「潔淨」練習對平靜內心波動的重要性。「潔淨」除了指身體的潔淨外，也包括心靈的潔淨。

何謂不潔淨？任何含有毒素的、不適合身心的、阻礙身心自然運作的，都可稱為不潔淨。加工食品裡的化學品、食物中的農藥、重金屬、寄生蟲、環境裡的細菌病毒、輻射、有害物質都會為身心帶來負擔。在心中停留不散的情緒，例如仇恨、貪婪、嫉妒、自我懷疑、批判、恐懼、擔憂、執著等，都是心靈的毒素。

身體天生就有排毒的能力。但若毒素聚積過多，有如淤塞的水渠般，讓身心無法有效地運作。當身心無法有效運作時，很多想法、話語及行為就變得不一致。明明想往東，結果去了西；明明覺得重要的關係，卻沒有好好珍惜；明明不想做的，卻會去做。言行不一致會產生更多情緒，導致內外不和諧，變成一個惡性循環。

要淨化身心，可從日常生活入手，檢視並好好吸收有益身心的養分。

1. 食物：多食用天然及未經加工的食材，減少攝取有害的食物或飲料，如刺激性食物、煙酒及毒品。
2. 感官印象：五感本身沒有選擇的能力。當五感接觸到外界訊息，訊息就會被潛意識照單全收。多留意日常所看的、聽的、吃的、聞的、接觸的，有意識地選擇日常生活及娛樂方式，好讓五感能夠過濾訊息。也可以多到大自然，學習安靜及自處。
3. 身口意背後的意向：留意每個念頭、話語及行為背後的想法、信念及意圖。每個身口意都會強化背後的意圖。

4. 意識：多與善知識交往，強化內在的正念、正知及智慧。需要的話，也可適當地遠離不善的人事物。

以下幾項練習都可以幫助我們淨化身心：

1. 對自己及他人誠實，並練習內外一致。
2. 放下「這」或「那」的二元思想，多培養「兩者」及「都可」的心態。
3. 容許感受及想法自然流動（有強烈感受時可先慢下來，待感受安頓後才講話或做決定）。
4. 有意識地選擇（清楚身口意背後的意圖及認清言行所帶來的潛在後果）。
5. 順心、順時、順境去做事。
6. 在尊重身心限制的前提下，盡自己最大努力，同時放下對結果的執著。

每天以這些方式生活，身心慢慢就會被淨化。當身心能暢順地運行，就會有強大力量去做需要做的事，心靈也有足夠空間面對生命的無常。

在此祝願大家身心安康！

要改變，就要建立新模式

我們每人都有各自的運作模式，你可以把它叫做習慣、喜好、性格。模式就好像一個不斷變化的圖案。即使不想要某一個模式，我們都不可以直接刪除，而是要以新模式代替舊模式。

以下幾個問題，可以幫助你在遇到困難時反思，並重新建立新的行為模式：

1. 發生了什麼事？事實是什麼呢？

當遇到困難時，我們很容易立即起反應。建議先以觀呼吸、行禪等練習讓自己平靜下來，之後才好好梳理資訊：眼睛看到什麼？耳朵聽到什麼？鼻子聞到什麼？嘴巴嚐到什麼？說了些什麼？身體做了什麼？身體有什麼感受？腦袋有什麼記憶或印象？浮現出來嗎？

2. 我的詮釋是什麼呢？我下意識假設了什麼？我在告訴自己一個怎樣的故事呢？

一般遇到事情後，我們下意識就會詮釋背後意思。譬如耳朵聽到對方說「你這樣不好」，我們會詮釋為「你針對我」「你不喜歡我」。詮釋包含很多假設，使我們對事實產生誤解。

3. 你究竟想怎樣呢？

困難有機會是因為現實與理想出現差距。清楚自己的意向可以幫助找回大方向，不被小細節干擾。

4. 在能力範圍內，你需要建構一個怎樣的環境，來培養想要的結果呢？

成事必須要有足夠的因緣際遇及條件配合。雖不能控制一切，但身口意卻可以構成某些條件，成為助緣。

5. 我有什麼選擇？

清楚知道自己可以做什麼，可以不做什麼；可以做多少，可以怎樣做。

6. 最合適的方式是什麼？

當清楚自己的選擇後，思考什麼時候做、怎樣做、用什麼態度做。要說話的話，清楚知道什麼話語能滋養及協助你孕育果實。

7. 還有其他可能嗎？

愛因斯坦說：「瘋子就是重複做同樣的事情，還期待會出現不同的結果。」有什麼方法是沒有嘗試過呢？能否試試呢？

過程中難免會遇到情緒起伏，包括對自己的質疑、對他人的厭惡、對事情的執著。原諒自己沒能達至期望，並認知到自己已經盡力了。當情緒穩定下來的時候，再重新思考以上幾點，重新出發。

如種蘋果一樣，我們需要把種子埋在合適的土壤裡，把種子放在適合的深度，適當時要下肥料、澆水灌溉。相信太陽會做好它的工作，蜜蜂會上班，風會做好分內事，其他就放下吧。

努力並不能保證收成結果，但放棄就絕對沒有收成。

新一年，新氣象

我每年都會於新年時抽時間好好反思。希望吸取過去一年的經驗，好好整理，再重新出發。

在這裡，我想跟大家分享其中一些反思項目：

1. 你會如何形容過去一年？

嘗試用簡單的詞語去概括，譬如成長、轉化、夢幻的一年。

2. 去年遇到最大的挑戰是什麼？

寫出實際事件時，同時嘗試寫出自己的感受。譬如面對他人對自己無理的指控時，感到委屈、憤怒與無助。

3. 你如何克服困難？從克服困難的過程中，發現自己擁有什麼能力？

每個行為背後都展現自身的能力。譬如遇到無理指控時，能清晰地表達自己的想法及需要，而不是指責對方。行為背後就隱藏著清晰的表達能力，以及內在的穩定（因為沒有被情緒控制而亂發脾氣）。

4. 去年學到最大的課題是什麼？

事情本來就沒有好與壞，我們既可以看成為困難，或者一個課題。如果看到的是困難，容易讓我們停滯不前；若能夠看成為課題，我們會比較有勇氣去學習、面對。

5. 過去一年有沒有後悔的事情？

這裡可以包含一些沒有做到，但回想過後希望當初有做的事情，或者覺得自己可以做得更好的地方。

6. 從這件後悔的事情當中，學習到什麼？

每個所謂的失敗，背後都蘊含一個課題；每個後悔的背後，都可以讓我們更清楚自己的生命方向。學習認識失敗與後悔背後的課題，助我們放下對結果的執著。

7. 現在回想此事，你會有不一樣的對應方法或處理手法嗎？

若遇到同類事件，你會如何處理？新的處理手法能否為自己、他人或整件事，達至更高的和諧？

8. 去年給自己最大的驚喜是什麼？過往一年發現什麼能力或特質呢？

回想一些成功例子，嘗試寫出成功背後的能力或特質。譬如：去年接了一個新計劃，從完全不會，到一步一步做，到最後得到理想的結果，當中學會欣賞自己的謙卑、願意嘗試、信任自己、勇氣等。

若只懂欣賞表面的行為，我們很容易將個人的價值跟結果掛鉤，造成對外在環境的執著。但若果能夠覺察行為背後的能力，則可以強化內在的力量。這些力量較小機會被外在因素影響。當能夠認知內在能力時，它就能夠幫助我們在修行路上加油！

9. 去年有什麼可以放下，讓它留在過去？

可能是某些恐懼、某些制約性的想法、或者一些自我批判或舊有模式。

10. 新一年將會有哪些困難？有的話，我可以如何對應？

其實要否面對困難並沒有對錯，反而著重能否有覺知地選擇。要清楚知道每一個選擇將會帶來不同的潛在後果。若果還沒準備好處理問題，不要緊，只要清楚後果，那就不至於太苦。

正所謂「凡夫畏果，菩薩畏因」；凡夫一般只顧著當前出現的狀況，但智者卻會努力種下適當的因（因為知道無法完全控制果，但可以盡力去建構因）。用不同態度面對當前的困難，就會衍生不同的果。

當然，困難在前，難免會感到無助、壓力、焦慮。嘗試容許這些感覺存在，待心安定下來後，練習將注意力放在自己身上：「我想成為怎樣的人？這個人會如何面對難關？在能力範圍內，我可以做些什麼？」清楚要做什麼之後就要身體力行，做完就放下對結果的執著。

11. 新一年我希望培養什麼特質？希望灌溉哪些可持續發展的特質呢？

除了計劃來年的目標外，我更著重培養可發展的特質。譬如你希望找到一個伴侶（這需要不同的因緣和合），你就可以專注培養一個開放的心，去認識新朋友，學習欣賞自己、欣賞他人，同時勇敢地與他人分享自己的想法。無論最後能否遇到合適的對象，這些特質都能讓自己更喜歡自己！

雖然每一刻的「我」都不盡在自己的掌握之中，但希望透過這個練習，讓大家可以好好把握能改變的地方，在每刻因緣的配合下，活出最自在的人生！在此祝願大家新一年，新氣象，更有效地管理身口意。希望我們想的、說的、做的，都是為自己與他人的最高真善美出發！

回到自己的生命海洋

生命本身沒有既定意義。我們希望透過修行，慢慢梳順及刪減從小到大被制約的想法、概念及模式，把那些不屬於自己的放下，有覺知地讓自己回歸到本然的狀態。

在這裡跟大家分享幾個對我很有幫助的反思，希望它們也讓你更了解自己：

1. 對你來說，什麼是重要的呢？

這個問題問的是人生觀。若果知道什麼是重要，就可以多把時間、精神、資源放在那些範疇。對我來說，心的交流、聆聽內在的聲音、做心開的事情（不只是開心，而是除了感到開心之外，心也要有「打開」的感覺）、靈魂的成長、誠實地做自己、有覺知的生活、充足的睡眠與運動、私人時間和空間是非常重要的。

2. 是什麼滋養你呢？

滋養我們的體驗就像生命的燃料一樣。若果我們只是不斷地奉獻而忘記滋養自己的話，那麼我們的生命蠟燭就會很快燃燒殆盡。每人被滋養的東西和方式都不一樣，而修行的其中一項重要目的，就是清楚什麼能滋養自己的生命能量（life energy）。

對我來說，心的交流、與好朋友相聚、見證他人的轉化及成長、優質的睡眠、回到大自然懷抱、適度挑戰體力的運動、觀賞有意思的電影與書籍等都是非常滋養我的事情。當我的內心被滋養，我就有足夠能力征服最大的困難、面對最大的恐懼！

3. 你覺得人生目的或使命是什麼？

每一個人來到地球，都有自己的崗位、角色以及貢獻。我覺得每個人最重要的任務，就是管理好自己的人生。內心的快樂是不能夠外判出去。當你覺得只要外在人事物怎樣，自己就能從中得到快樂的話，那你的快樂就會變成被動的等待。

所謂成長，就是為自己的快樂與幸福負責，有勇氣地學習將無條件的愛送給自己、送給他人。每個人像一條小溪，而生命的歷練就是讓小溪匯入靈魂這一海洋的旅程。理解自己的人生目的，就像找回生命中的指南針。當我們能活出自己的使命，我們就能回歸到專屬自己的生命海洋，以最自然舒服的狀態活著，達至自利利他的境界。

從小我就知道自己對真理感到無比興趣。對我來說，有覺知地與真理同在，以及將真理分享出去就是我的使命。我很感恩每一天都有福分可以做這種事情。

4. 你有沒有令生命簡單複雜化？

很多時候，我們的顧慮、擔憂以及過多分析都是將生命簡單複雜化。嘗試一切從簡，你會發現，快樂其實一直在左近。

一切本是很簡單

如果走進森林感受每一棵樹木、每一朵花、每一粒果實、每一種動物，問：「生命是什麼？」牠們應該會說：「生命就是。（Life is.）」（在自然界裡，一切只有當下的呈現。每一個存在可以對生命的呈現有不同的觀點，但觀點是片面的、不完整的，而且不是當下的。如一行禪師說：「一切觀點都是謬見。」我們需要將一切的觀點放下。）

從觀察植物、動物、小朋友，我發現其實生命本來很簡單，但我們卻把它變得非常複雜。我們可能會擔心：「我這樣做的話，他人會說什麼？」「這樣做又不行，那樣做我又擔心……（省略一千字）」「我很怕自己做得不好……」「我很怕失去工作／金錢／伴侶。」

「這樣做與他人太不一樣，太奇怪了吧？」「我當然希望實現我的夢想，但這樣賺不了錢。」這些都是內心與頭腦之間的矛盾。

遇到以上情況，我們可以問問自己：「我有沒有將事情簡單複雜化？」我們可以另一個角度去思考以上的疑慮。例如：「他人有他人的意見，如果在能力範圍與意願內可以改善的話，就盡力改善；沒辦法的話，就唯有尊重這是他人的意見。我不能改變他人的意見，但我可以選擇聆聽及尊重自己的意見。」

「『不行』的背後，我真正擔心的是什麼？我有否逃避什麼？我可以培養哪些能力讓我與恐懼同行？」

「所謂的『好』是什麼？它具體嗎？這符合實際期望嗎？若果不切實際的話，哪裡可以進步？若沒有進步空間的話，我能否確認自己已經努力？」

「若果真的失去的話，我會怎樣做？我可以培養什麼能力去面對這個狀況？」

「奇怪與獨特，究竟是哪個？還是兩樣皆是？我害怕什麼？我能否接受這樣的自己？不能的話，我能否接受『我不能接受自己』？恐懼背後，其實隱藏著我想成為怎樣的人？」

「不用做很大改變，此刻在能力範圍內，我如何能向夢想走近？即使不知道能否達到，但可以為了無悔而盡力。」

很多時我們的擔心、懊悔，都是因為自己將很多決定都放在假設上。有危機感、懂得風險評估的確有它的價值，但若將行動放在太多虛妄的假設上，我們就會被恐懼綁住，動彈不得。

我們擅長將事情複雜化，不懂得看清事情的本質。其實很多憂慮，來自太在乎結果的表相，但忘記看清事情的本質。

多思考每件事的初心。譬如很希望成功，可以看看「想成功」背後的初心是什麼，可能想得到一份認同及能夠肯定內在價值。與其盲目追逐成功，倒不如練習認同自己、肯定自己的內在價值。這樣不是更直接與容易嗎？

多思考言行背後的出發點。我們最希望培養什麼特質或希望得到什麼經驗呢？弄清楚了，每件事就可以變得很簡單。

我們不需要透過他人的確定，或等到所有假設都消失了才能快樂。回到初心，每一步都可以安穩而踏實。

相對論

早陣子為禪藝學苑帶一個內觀瑜伽課。我讓同學們不斷重複幾個瑜伽式子。透過一次又一次的重複，他們覺察自己的呼吸，感覺身體的無常。慢慢地，他們也因為細心的觀察而達到不同收攝（意指：集中專注於內在）程度。

提高收攝率的確好，但有時容易將之視為練習成功。事實上，有時因為各種身心狀況而未能好好收攝，絕對可以理解的。練習除了希望提升專注之外，學習包容以及放下對結果的執著也同等重要。當無法收攝時，正正提供一個練習放下的機會。

同樣地，認真的修行人有時不小心將練習過分理想化，會希望自己每時每刻都保持慈悲心、同理心、

智慧、專注等。若果只是顧著如何強化某個面向，這個不切實際的期望容易導致更多情緒出現。

其實，每項練習都需要有兩面。練習收攝之餘，練習放下也同等重要。有時因緣際遇讓我們可以多練習收攝，有時則需要多練習放下。兩者都需要練習與實踐，否則就會產生更多執著。

就正如每一個性格面向既有它的亮點，也有它的陰暗面。在此列出幾項由心理諮詢師許皓宜設計的「情緒陰影．原型五十六心靈互動卡」裡的分享：

性格面向	光明面	陰暗面
修行者	追求深度心靈層次的 堅定力量。	過分要求自律嚴謹， 忽略自己的需要， 落入自我虐待。
療癒者	能夠照顧與關懷別人。	給予他人過度關懷。
解惑者	相信自己擁有走出 黑暗的智慧與力量。	覺得靠自己無法找到 出路，或陷入自以為 可以帶領別人的心態。
驅魔者	能把自己或他人從毀滅 性的力量中解放出來。	責備、怪罪、否定他人， 逃避面對自己的心魔。
提倡者	將生命奉獻在對公義 有益之處。	排斥自私自利的想法， 甚至不敢接受一丁點 「私利」的慾望。
授業者	對專業知識的堅持， 認識到自己的不足之處。	覺得自己什麼都做 不好，無法比上別人。

每個性格特質都有優缺，當中並沒有所謂的完美，因為每人的特質已經具足。為什麼佛陀強調放下執著？因為執著會讓我們走向不同的極端，而每一個極端都會為身心帶來痛苦。

如聖嚴法師說：「我們要轉變行為和觀念，就是把貪、瞋、癡、慢、疑這些毛病改正過來。」貪與瞋是相對的，同樣地慢與疑也是相對的。希望透過平衡的持續修行，與因緣法、無常法及空性平衡地生活，讓我們從無明中覺醒過來。

意向 VS 目標

從小到大我們學習以目標為首，做事都需要原因和目標，不然就被認為浪費時間。設定目標固然重要，因為目標要明確，才知道要往哪個方向走。

但是，若果只在乎達標與否，當各種條件受到因緣限制而不能達標的話，就會引起失望與瞋恚。就算能夠達標，過程中也強化「以目標為首」的習氣，增加對達標的執著。有目標是好事，但太在意結果的話，無論最後達標與否，都會增加貪瞋癡。

在瑜伽練習裡，老師們常說：「請你為即將開始的練習，設定一個意向／意圖。(Set an intention for your practice.)」從中文的文法來說，這是一個頗陌生的概念。對我來說，set an intention 的意思有點像發願，只是那個「願」不一定要很宏大。

目標跟意向看似一樣，但從時間的角度來看是不一樣。目標是此刻未達到，但希望到達的地方（未來）；意向是指在此刻可以練習／培養／做的行為，來讓自己更接近目標（當下）。

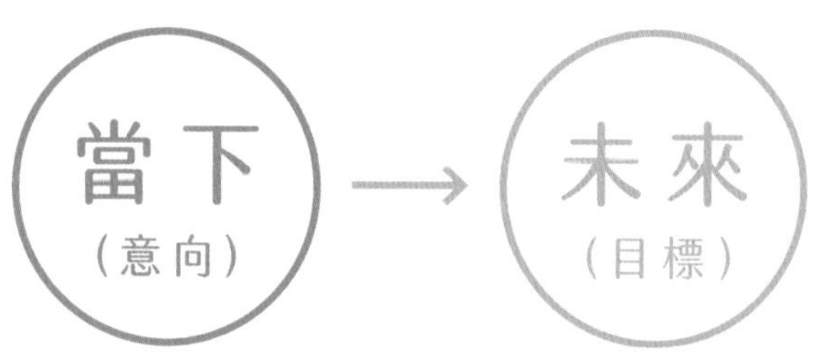

譬如你的目標是修成正果、成佛。除了需要努力修行之外，成佛與否也需要眾多因緣條件的配合。若果唸經只為成佛的話，容易造成更多執著，距離成佛的日子更遠。

若然是成佛的意向又如何呢？那就是培養佛陀的特質，包括培養一顆開放的心、慈悲的心、有智慧的

心，或者看清實相的心。跟目標不同的是，就算此刻未能成佛，都可以立即練習。

能否達標，不盡在掌握之中。但是若專注練習意向並以行動實踐，無論環境狀況如何，都可以盡力用功。就算到了生命的盡頭，無論離目標還有多遠，我們都已經在能力範圍內走到最遠了。這些功德是不會白費的。

我想跟大家分享一個能夠幫助深化練習意向的祈禱文：

今日我選擇來到瑜伽墊／蒲團上，目的是為了好好了解及照顧自己。願我在今日的身心能力範圍內，盡最大的努力，探索自己的可能性，同時尊重及原諒自己的限制，更重要的是，看到自己此刻的完美。

願練習為自己及他人帶來最高真善美。

覺知的培養

當你閱讀這篇文章時，能否察覺自己的身體姿勢？是坐著？站著？能否感覺到椅子或地板？此刻身體哪裡緊繃、哪裡放鬆？緊繃的感覺如何？放鬆的感覺又如何呢？此刻的呼吸是長還是短？深還是淺呢？你不需要改變姿勢，只要清楚知道就可以了。

剛剛你將今日裡的眾多姿勢，從無意識轉為有意識。每個瞬間、每分鐘、每小時、每天都是由不同的身體姿態堆砌而成。撇除睡覺的八個小時，若剩下的十六個小時都能夠像剛剛的兩分鐘一樣，對身體動作、口講的話語、內心的想法都了了分明的話，生活將會變成怎樣呢？

覺知是一樣很有趣的東西，它本身沒有改變對象的原意，但單憑覺知就能夠改變對象！就像剛才對身體的兩分鐘觀察，已經或多或少地改變了身心的狀態。

如常霖法師常說：「一切都是最好的安排。」其實每個人在每一刻都以「最好」的方式呈現。只是所謂的「最好」，其實是按照當時身心及意識的狀態，和各種外在環境因素加起來的「完成品」。

譬如一個酗酒的人，在回家路上開車撞到途人。翌日酒醒後後悔不已，接受不到自己為何做出那麼愚癡的行為。說實在的，那個人當時並沒有打算要撞到人，他只是覺得自己還有能力安全駕駛而已。在酗酒的狀態下，他覺得自己開車回家會是「最好」的選擇（可能因為覺得巴士需時太久，或者不希望改天再來取車等）。酒氣散過後，他才得到一個更清醒的覺知，看到更廣闊的視野，才發現當時高估了自己的能力，因而後悔不已。只是已太晚，事情已經不能逆轉。

如果每一刻都是最好的安排，那為什麼我們會後悔？

這就是有沒有覺知的分別了。若果沒有覺知，每刻

都是由習氣、情緒做「最好的決定」(絕對不是個人意願的最好)。不同的意識層有著不同的身口意。若果有覺知，意識便會提高，而每刻的選擇就可以更輕易地對應到更高、更長遠的真善美及和諧了。

這就是培養覺知的重要性。生命中每一刻都充滿著大大小小的決定，哪怕是如何坐下、去哪裡吃飯、吃什麼、如何回應一句話、工作的去留、關係的維繫等。有覺知的選擇可以幫助我們安心地走每一步。心安了，人就自在。

能夠時刻保持覺知當然最好，不過若發現忘記保持覺知，沒關係。知道那個無意識的自己都已經做了「最好的選擇」，盡快回復覺知就夠了。

最好的護身符

有不少朋友自接觸禪修後，因為多了認識身心的機會，人慢慢開始變得敏鋭起來。他們比較容易感受哪些食物能夠幫助身體、哪些人事物對身心有正面影響、哪些對身心有負面影響。其中常聽到的回饋就是覺得人多的地方磁場較差，之後就開始避免出現在人多的地方。

雖然我們可以多到大自然，但生活總是要回到城市去。如果觀察某個體驗時心中產生起伏（無論正或負），就會知道那其實是來自內心的喜惡與投射（包括喜歡不喜歡、應該不應該等概念）。

其實佛陀一早就將最厲害的護身符傳授給我們，若果我們能好好練習的話，到哪裡都可以心安理得。

1. 守好身口意。

這就是八正道的修煉，當然包含五戒和梅村的五項正念修習。

2. 練習純然地觀察每一個生命的體驗。

留意每一刻對體驗有沒有任何排斥、執取、壓抑、無視。很多時候，我們會用頭腦分析，說服自己不應該有某個想法、某種感受、某個行為。當然，適當的反思是重要的，但若果分析是希望自己與某個體驗脫鉤，或者希望變成／得到／保持 XX 的話，就會形成一種細微的壓抑與執著。練習如實地留意排斥、執取、壓抑（無論多與少）、身體感覺（體感），嘗試純粹地感受不同體感。不需要做任何事情，只要回到一呼一吸（感受呼吸的體感）。體感存在，知道它的存在；體感改變，知道體感的改變就可以了。

3. 讓每刻的身口意對應到自己與他人的最高、最長遠的和諧以及真善美。

這裡包括每一刻都盡自己的身心能力範圍去努力，同時尊重身心的限制，所想、所說、所做就已經對應一切的最高真善美。身心能力範圍有幾項需要考慮：資源（包括金錢）、時間、身體狀態、精神狀態、個人意願。若果超出以上的身心能力範圍，只會換來更多壓抑、怨氣、自我懷疑和其他負面情緒。這並不會為自己與眾生帶來最高真善美。所以學習尊重自己的能力，超出了能力範圍，就原諒自己吧。

4. 盡力做好以上清單後，就順著生命河流走吧。

要來的總會來，不來的無論怎樣勉強都不會發生。這時候就學習放下吧。無論發生什麼事，知道一切都是冥冥中的因緣和合。有時太著重轉化，反而變得難以接納現在的自己／際遇。其實一切都是最好的安排，要學習看到此刻的美。

當能夠做到以上四項，無論遇到什麼生命課題，都可以問心無愧。當一個人能夠問心無愧時，無論遇到什麼人事物，都可以安然地看到事實的本性，再也不會將之誤會成「我」的好壞。這不就是最好的護身符嗎？

⑩

解讀身體的訊息

很多人對瑜伽一詞有不同的概念——伸展、運動、體操般的動作、柔韌度、健康生活等。其實像體操般的瑜伽只是近一百年的產物，而本身已有四千多年歷史的瑜伽體系，本是一項與佛法相近的往內觀察及訓練覺知的法門。

傳統上，練習瑜伽是用來培養「定」——學習馴服內心因往外攀緣所產生的起伏。後來慢慢演變成透過不同的體位練習，配合特定的呼吸方式，強化與身體的連結，穩定內心的波動。一般體位法強調對呼吸的調整與觀察，而我在課堂上常常提醒同學們要用「呼吸包裹動作」的方式練習，即是讓每個動作以呼吸為首，動作為後：譬如「吸氣、雙手提舉」先開始吸氣，下個瞬間雙手才起動，並維持吸氣直到完全提舉。如是者，在整個練習裡都讓呼吸做主導，而動作被動。這個方法可以幫助我們收攝散亂的心。

除此之外，練習時視乎體位，將視線專注於手、腳、地板、牆壁、天花板等，同時稍微將眼神放鬆（視野會變得略為模糊），這稱為凝視點（drishti）。雖然眼睛是睜開的，但覺知卻是往內的。就這樣，「呼吸包裹動作」加上凝視點，瑜伽體位法就變成一種行動中的禪修。

那往內觀什麼呢？當然就是觀身。身體藏著不同層次的訊息，功力越深厚的練習者越能留意到細緻的體驗，亦越有能力在同一個瞬間，意識到不同層次的體驗互相交疊發展與變化。宇宙實在太大了，這個列表並不包含所有可以從身體得到的訊息，只是籠統地分成從粗到細，從淺到深的訊息：

1. 不同身體部位的移動方式。
2. 動作中的粗糙體驗，如伸展、肌肉收縮等。
3. 於不同身體部位體驗到的細節，如施力度、重心的移動、柔軟度、緊繃度、體溫、血液流動及呼吸節奏的變化等。

4. 心境狀況的變化，如情緒的變化。
5. 身心狀況的相互影響。
6. 思緒的變化，如不同念頭的出現與消散。
7. 留意到觀察對象的想法，如覺得好、不好、應不應該等。
8. 留意到觀察對象的態度，如有無執著、有無排斥、有無情緒等。
9. 意識集中與分散在體感上的分別。
10. 辨識到想法與純體驗在體感上的分別，此時沒有名相、沒有念頭。
11. 從體感上能辨識感受的來源及其特質，如氣場變化、地的能量、屬於誰的情緒 / 想法、其他能量體或存在等。
12. 感受外在能量的變化與內在體驗（如五蘊）的互動，包括內外體感的交疊。

透過每一吸、每一呼，深入地觀察自身來認識世界。有練習瑜伽的朋友，也邀請你們先從「呼吸包裹動作」開始，慢慢感受每一個呼吸，每一個動作。讓身體帶領你更深入地認識每一刻的自己！

11

衷心的祝福

最近看到巴勒斯坦武裝組織於十月七日突擊以色列，導致大量死傷，我感到非常傷痛。我對中東的歷史與內情不甚了解，但從小到大都不斷聽到以色列與巴勒斯坦發生衝突的報導。在網上簡單搜尋一下，才知道原來雙方的仇恨已經有百年以上。百年當中，牽涉多少人、家庭。這些地方世世代代都被戰火及仇恨籠罩著，聽到真的感到很難受。

自有歷史的記載，戰爭一直都存在。深觀之下，戰爭從來都沒有真正的贏家。因為無論勝敗，大家都仍然被執著、仇恨、對立等綑綁，大家都是貪瞋癡的輸家。在這些仇恨背後，各自受到深深的傷害、剝削、委屈、不被理解的痛苦。

香港人算是很幸運，戰爭一直離我們很遠。但看深一點，戰爭、對立卻從沒有離開過我們。在生活中、不同關係裡潛藏著大大小小的衝突隱患。當中不少是對外的，如上司下屬、家人朋友；也有對內的，譬如自己。

當遇到不公平的待遇時，很自然就希望向對方討回公道。在討公道的運作模式裡，很多時候只能有一位贏家，而「贏」的方式就是要壓倒對方。不過當對方輸的時候，也會感到不公平，因此時機成熟時，對方又會向自己討回公道。就這樣，你一下我一下，沒完沒了。無論結果如何，我們都輸了內外的和平，也滋長了內在的貪瞋癡。

的確，兩地百年來的恩怨情仇很難由外人評論，當中牽涉太多環境因素、文化背景、利益衝突、傷害及痛苦等。

我們可以做的是先好好回到自己，正所謂修身、齊家、治國、平天下，每天從自己的身口意中好好認識貪婪、瞋恚及無知。看到它們時，不需要立即打壓，而是當它們出現時，透過細緻的感受，練習認出它們，同時了解背後隱藏的需要。

當發現對某事情有執著及貪婪的念頭時，嘗試了解一下貪婪背後，到底希望滿足一個怎樣的內在需要（渴望被愛、被了解、被聆聽、被尊重、被接納等）。

當發現自己排斥某一個體驗時，感受一下當時內心有什麼情緒？哪裡受傷害？當刻身心哪裡需要被照顧？

發現受到指責時，這件事勾起什麼感受？是什麼導致如此反應？當刻身心哪裡需要被照顧？

練習多了解自己的感受、情緒與需要。知道自己的需要後，然後練習照顧這個需要。適合的話，讓對方知道自己的需要，同時也關懷對方的需要。努力過後，練習放下對結果的執著。

佛陀說「放下屠刀，立地成佛。」其實那一把刀所指的，是深藏於每個人內在的貪瞋癡。願每個人都可以「放下屠刀，立地成佛。」找回內心的平安。這樣，世界就一定平安。

12

與內在和好

每人都希望透過努力，讓每天都開開心心，幸福快樂，心想事成。從自然界中，我們可以看到因為有晴天，所以有雨天；因為下雨，才能夠再次看到太陽，一切有起有伏。同樣地，人與人相處時，因為大家的背景、想法、性格、價值觀、生命排序、感受都不同，難免會遇到意見不合或者衝突的時候。即使是健康的關係，也會遇到雙方意見不合的時候。

當遇到意見不合或衝突時，因為內在的傷害，我們傾向歸咎於對方或事件。體驗本身並沒有好與壞，一切來自內在的自己對事情的詮釋。有人會因為雨天而低落；有人因此而感到清新。問題不在於雨天，而是在於我們對雨天的詮釋、假設與期望。

同樣地，每個體驗都是內心的一面鏡子。每個愉悅的體驗，反映著內在的光明面；每個不愉悅的體驗，則反映著不想觸碰的黑暗面。光明面顯露時，容易將之視為「自己」；陰暗面出來時，則因為想排斥「自己」而容易將問題歸咎在對方身上，從而強化事實的無明以及自身的貪瞋癡。

我們可利用每個體驗來加深對自己、對五蘊、對五取蘊的了解。當狀況發生時，先停下來，好好感受每一個呼吸，讓身心平靜下來。之後觀察一下身體與感官：這一刻，眼看到什麼，耳聽到什麼，口嚐到什麼，鼻聞到什麼，身體感受到什麼；感受：這一刻，身體有什麼感受（譬如哪裡緊繃、哪裡放鬆）；想法：這一刻，對此事／人抱著什麼想法（有沒有覺得事情／對方／自己應該要如何？）；反應和回應：這一刻身心有什麼反應和回應（回應背後，是否被情緒或能量支配？）；意識：我的意識層停留在什麼狀態？有沒有憤怒、抱怨、指責、自責、嫉妒？我有保持開放的心來面對當刻的體驗嗎？

每個感到不愉悅的體驗，其實只反映自己對結果的執著或排斥，而這些反應則來自對事實的不理解。從以上問題中，有沒有覺得一定要保持哪一個面向呢？我們就像一條生命河流，沒有一刻是一模一樣的。若果強行一定要一樣的話，就好像強迫河流停止流動一樣。

若嘗試打開自己的心，接觸當下純然的感受，你不難發現每個體驗的背後都有可以提升自己的機會，特別是不愉悅的體驗。每個在生命中出現，讓我們不舒服的人都是我們的「苦難菩薩」，讓我們以更廣闊的角度來了解自己，也更清楚自己的需要與選擇。

當遇到不愉悅的情況時，可以透過這個機會學習與內在和好。而這份內在的和諧，也可以感染他人和自己面向和好。

13

我是自己的禮物

有一晚睡前跟兒子聊天，我告訴他：「你知道嗎，你是媽媽一生中最大的禮物。你出生那一刻已經賦予我很多的愛與幸福，讓我發現原來我這樣就夠了，多謝你。」

五歲的兒子回答：「你和 BB 貓也是我的禮物。而我也是我自己的禮物。」

當我聽到「我是自己的禮物」這個概念時，我覺得很有趣，因為我從來都沒想過這個可能性。送禮物給自己或善待自己這個概念並不陌生，但若抱持「我是自己的禮物」的話，會以一個怎樣的態度去活出自己的人生呢？

想著想著，兒子說得對，每個人出生就被賦予一個載體（身）與心靈。若身體是硬件，那麼心靈則是軟件。這套與生俱來的軟硬件，可以助我們成就理想人生。

硬件出生時已具有強大的自癒功能，若能好好照顧它，它可以健康地陪伴我們到老。軟件出生時則有著各種各樣的可能性，視乎成長過程中遇到什麼體驗，下載了什麼訊息。

每人出生時都被賦予「生命」這份禮物，它有如一個盆栽、一隻小寵物，我們不能把牠們帶回家後就擱在一旁，置之不理，否則牠們就不能健康地長大。身心靈也一樣，需要我們好好地照顧。我邀請大家靜下來，深思一下：

我如何對待身體呢？

我有沒有好好照顧身體的需要呢？

我如何對待自己的心（包括情緒、感受與想法）呢？

我有沒有透過守護六根（眼、耳、鼻、舌、身、意）來保護我的心呢？

我能感到自己的存在價值嗎？

我有沒有好好照顧這個存在呢？

大家亦可以審視一下平常讓六根接觸什麼，譬如：讓眼睛看什麼、讓耳朵聽什麼、讓鼻子聞什麼、讓舌頭嚐什麼、讓身體感受或觸碰什麼、心想什麼、情緒一般停留在什麼狀態。

不同的感官印象就像食物一樣：有營養的食物可以滋養身心；無營養的食物則會增加身心負擔。透過修行，我們可以有意識地攝取滋養身心的養分，這樣就能減低心中的貪婪、瞋恚與無明。

希望大家好好照顧「自己」這份禮物。當自己被適當地照顧時，我們的存在亦能變成身邊人事物的一份禮物。

幸福在眼前

在一行禪師教導的五項正念修習裡面提到：「我知道真正的幸福取決於我的心態和對事物的認知，而不是外在的條件。如果能回到當下此刻，我們會覺察到快樂的條件已然具足。懂得知足，就能幸福地生活於當下。」每次讀到這一句，我都會有很深刻的感受。它提醒我練習放下對過去的懷緬、對將來的計劃，好好回到當下，察看現在擁有的一切，同時在能力範圍內盡力就足夠。

在《瑜伽經》內亦有提到，除了練習不貪婪之外，練習知足亦同樣重要。貪婪與知足有著一個莫名的關係，當一個人懂得知足時，就不會很貪婪；可是不貪婪的人不一定懂得知足。由此可見，練習知足可以幫助我們弱化貪婪之心。

首先看看貪婪與知足的分別：貪婪是專注於自己沒有的東西，並且希望得到；知足則是專注自己已經擁有的東西，並且存有感恩之心。前者是渴求的狀態，而後者則是具足的狀態。就算外在環境沒有改變，這兩個狀態的確會為我們帶來不一樣的心境與體驗。

我記得小時候就讀基督教學校時，每天都要祈禱。我們會感恩這個、感恩那個。縱使我唸著感恩的語句，可是當時我並沒有感恩的感覺。直到接觸佛學之後，學習到原來每一件事情的發生，需要不同因緣配合；原來此刻擁有的，並不純粹因為個人努力，而是同時有著不同條件的配合。這讓我慢慢看到，原來眼前出現的並不是「奉旨」。

在這裡，我想與大家分享其中一個幫助我很多的感恩練習：

每天找十個讓你感到感恩的事，並且用以下的方法記錄下來：首先寫自己覺得感恩的事情，之後加入感恩的原因，再加三句感恩。它可以是簡單的小確幸，也可以是值得大肆慶祝的事情。

我感恩 ____________________，

因為 ____________________。感恩、感恩、感恩！

練習感恩時，懷有感恩的心是最大關鍵。透過寫下原因，可以幫助發現每件簡單的事，背後都有著很多條件，才能夠讓你擁有目前的豐盛。能看到這點的話，感恩的感覺就會油然而生！透過最後三句感恩，可以讓你享受並感謝當下的豐盛。

很感恩遇到這個練習，因為它幫助我從多年的抑鬱中走出來，發現我不需要解決抑鬱的問題，就可以立即享受幸福！感恩，感恩，感恩！

希望你也能透過練習，發現幸福就在眼前！

15

一封給自己的情書

親愛的，對不起。我只忙著挑剔你的錯處，卻忘了讚美你的優點。

親愛的，對不起。我只忙著記掛心中的問題，卻忘了用心聆聽。

親愛的，對不起。我只顧著雞毛蒜皮的細節，卻忘了大方向。

親愛的，對不起。我只忙著改變這個，改變那個，卻忘了你需要的是體諒與包容。

親愛的，對不起。我以為你一成不變，卻忘了原來你每一刻都在改變。

親愛的，對不起。我以為有很多時間，卻忘了每一刻都不能重來。

親愛的，請原諒我。原諒我只顧著完成手上的清單，卻忘了生命沒有清單。

親愛的，請原諒我。原諒我把一切美好合理化，卻忘了那並不是必然。

親愛的，請原諒我。原諒我被憤怒遮住了雙眼，誤將你變成敵人。

親愛的，請原諒我。原諒我執著了卻不自知，誤以為我們是無關的。

親愛的，請原諒我。原諒我迷失在過去與將來之中，忘記生命只存在於當下。

親愛的，我願意學習。學習聆聽，了解你的難處。

親愛的，我願意學習。學習欣賞你的優點，從而提升我的優點。

親愛的，我願意學習。學習接觸內在的美好，從而放下對外境的執著。

親愛的，我願意學習。學習了解你的想法，從而發現不同的可能。

親愛的，我願意學習。學習順著生命河流走，知道一切都是最好的安排。

親愛的，我願意學習。學習投入每一刻，用心去體驗及感受，因為這就是愛的根源。

親愛的，我願意學習。學習每刻在身心能力範圍內盡力，其他的則等到因緣的配合。

感謝我有反思能力，感恩我還有時間。感恩你還在，感恩我還有機會。因為我知道，只要用心過好今天，就能為明天播下愛的種子。這樣，就足夠了。

16

有捨就有得

轉眼二〇二〇年已經過了三分之二，今年很多工作都因為疫情而取消、改期或改變形式。每一天都盡量讓自己活好每一個當下，以及適應這個新的生活方式。有時難免會想念疫情前的生活，譬如能夠與朋友、學生聚會；能夠與家人去旅行等。

有天我在想：「雖然疫情帶來很多不便、很多新的調適、很多未曾試過的挑戰。但究竟這一年除了不斷適應外，究竟有什麼得著呢？」

問了幾個好朋友，我很開心聽到他們一些很正面的分享：

「感恩我多了很多時間斷捨離和與家人相處，讓我有更多空間思考人生的重要性。同時間，我對自己的覺察多了，創意力也提升了。以前不知道自己可以畫畫、烹飪以及做手工護膚品。原來我都可以！」

「我覺得我變得比較有耐性，適應力也相對提高了。我很開心看到，原來自己可以很有彈性，因為我一直以為自己很難面對改變！我開始做一些自己從來沒想過會做的事情，譬如玩滾軸溜冰！」

「因為疫情的關係，與父母被迫居住在同一屋簷下，我的心情會因為他們的不和而受到影響。我感到深藏在內且未被處理的創傷及情緒，因此浮現出來。這是我需要在此刻面對的課題，我亦不再壓抑這些感受。感恩有這個機會，讓我看到我不曾看到的。」

「對我來說，這是一個訓練耐性的好機會。感恩我多了時間，可以閱讀幫助自己的書籍，對我有很大得著。」

「每個人、每件事情都是環環相扣。無論多麼微小的舉動，在地球上生活，沒有一個是局外人。在個人層面上，以往我的慣性就是要面面俱圓、瞻前顧後，絲毫不得鬆懈。最近發現原來我不需要做得太多、做得太好、做得太完美，萬物自然的流動和呈現都已經足夠了。即使世態如何浮動變遷，我只要專注照顧好自己的身口意，就是全然參與地球脈動的方式。」

我很感恩今年發現到，原來自己比想像中放得下。因為與家人相處的時間增加了，有很多機會練習守好自己的身口意，我亦覺得自己做得不錯。最開心的是，我能好好地與自己的不同面向共處，特別是負面感受。我發現當我完全包容自己的時候，平安就自然來！

你呢？今年你又得到什麼呢？

覺知到今年的得著，能夠為我們加油。讓我們繼續走得更善巧、更遠！

17

用心練習，放下結果

秋天到了，紅葉滿天飛，這是一個多麼壯觀的畫面！不過，寺廟旁的小路卻因此被落葉覆蓋著。老和尚差遣小和尚到後山打掃，告訴他完成後才能回去用膳。小和尚聽從老和尚的指引，就往後山去。雖然掉下來的樹葉堆積如山，不過小和尚覺得自己只要認真做，就可以很快完成。

過了大半天，小和尚差不多把圍著寺廟的小路全都打掃好。正準備轉身回到寺廟時，一看，早上打掃好的地方已經被新的落葉再次遮住了。雖然小和尚心有不甘，還是再努力打掃一次。如是者，打掃完準備回去時，又有更多樹葉掉下來。他開始覺得不是味兒，越掃越憤怒，甚至開始懷疑老和尚是否作弄他。

隔了一陣子，小和尚覺得這樣不行，他要跟老和尚投訴，這根本是一件做不完的差事啊！老和尚聽了，點點頭，淡淡地回應：「你繼續。」小和尚很生氣地跑回後山繼續打掃。

大家知道老和尚的用意嗎？他當然知道這是一件不能完成的差事，但重點不是要求小和尚完成，而是希望小和尚學習努力做好自己，不執著結果，因為這是一個很重要的人生態度。

如小和尚一樣，當我們越想要做好、越想完成一些事，世事往往不一定盡如人意。我記得一位老闆曾跟我說過：「世上有千千萬萬件做不完的事情，所以不用急。」

有些人很想得到，但因得不到而煩惱；有些卻因害怕失去而放棄爭取。其實兩者都像小和尚一樣，都因為太在意結果而產生煩惱。一天為人，就會有無數做不完或做不到的事情：譬如遇到不如意的事，自然會或多或少有情緒起伏；當要跟他人互動時，就有被誤會的可能；當「有」的時候就會遇到「無」……

舉個例，你覺得自己無意中得罪一位朋友（因為他對你的態度突然一百八十度轉變）。雖然你不太清楚發生什麼事，但你準備跟他溝通，需要的話還打算道歉。儘管不知道雙方的關係會否因此修補成功，如果這樣做能讓自己比較安心、能放下、對得住自己，無論最後結果如何，這不就是一個很好的內在結果嗎？

外在的結果永遠都不能盡在自己的掌握中。若我們的行為只是為了結果，心境就會被外在牽引。若我們所做的，並不是為外在結果，而是為了讓良心比較過得去、為了更喜歡自己、為了不後悔，這樣當我們開始行動，就已經很實在地做到「想要的效果」了。

18

包容、專注、放下

《念處經》裡面其中一個練習，是留意五取蘊的呈現：留意色的生、色的滅；受的生、受的滅；想的生、想的滅；行的生、行的滅；識的生、識的滅，同時保持一個持續開放的態度（正念），以及清晰觀察的心。每一個「蘊」都需要因緣和合而產生，有某種感受、某個想法、某個情緒都是因為因與緣走在一起，但它的呈現並不與個人價值扣連。

五取蘊的意思，就是當某個「蘊」呈現出某種狀態時，我們誤以為那就等於自己，並判斷好壞（那是因為執著才產生的想法）。譬如，看到本地新型肺炎確診個案的數字後有一股無力感，會擔心疫情如何發展。若果不覺察的話，很容易會繼續鑽牛角尖，在無力感中打轉、擔心。

此時，我們可以這樣練習：

1. **覺知到此刻的心態／感受／想法，並練習原諒自己遇到這個體驗。**
2. **盡能力守好自己的身口意，避免因為情緒而說了、做了一些傷害自己及他人的事。**
3. **用心把專注力帶回當下手頭上的事情，放下想要解開某個心態的執著。如果你正在喝茶，就好好的感受這杯茶；如果你正在與小孩互動的話，盡量投入於那個過程。**
4. **需要的話，重複步驟 1 至 3。**

有人問：「我很想放下執著，但我不知道怎樣做。」最近透過觀察二十個月大的兒子，他教曉我，放下並不難。兒子想拿手機，但不被允許，就開始哭。這時我或先生會坐在他旁邊，溫柔地說：「我知道你很想玩手機，得不到，就很不開心，對不對？媽媽不能給你是因為……你需要哭就哭吧，我在這裡等你。」很有趣，不消半分鐘他就去找其他玩兒，好像之前那段小插曲從來沒發生過！

如果手機代表著心中放不下的東西，很多時我們握著手機、不斷瞪著它問如何可以放下，誰知道那正正就是放不下的原因。我們的眼光放得太多在手機了。我們可以學習小孩，當覺察到自己有執著時，首先容許自己毫無保留地處於這個狀態（需要的話哭一下），之後就全程投入到面前的事情吧。當你不介意自己有沒有放下，而是投入當下，放下就會自然發生。這是一個定與正念的練習啊！

當心中沒有負面心態時，學習辨識到：「現在沒有無力感／擔心的念頭。」就跟覺察到心中有正面心態一樣，都可以讓我們立即感到快樂！

雖然疫情的確讓生活產生很多不便和挑戰，但大家可以好好利用這段時間用功。生活一定會因為你接納了自己，而變得更充實、更幸福！

生活的修行

其實每一刻都很好，
並沒有任何問題需要處理、
也沒有任何傷痛需要療癒。

第四章

從心出發

社交媒體的內觀禪修

一直覺得社交媒體跟禪修是背道而馳的東西，所以我平時盡量少接觸。就算要用，都是為了教學的宣傳。疫情後，除了全球經濟不景氣之外，社交媒體的運作方式都改變了。若不使用社交媒體，好像很難被大眾知道課程的存在。

感恩過往兩年，當生命遇到不少調整與轉變的時候，有熱心的助理們幫忙整理媒體事務，讓我可以好好處理生活上的細節。由於社交媒體的演算法不斷更新，導致大部分用家需要不斷調整媒體的表達方法，帖文才能有效地推廣出去。助理們都非常主動地為我準備素材，雖然自己不嚮往使用社交媒體，但看到她們的認真與熱誠，讓我覺得自己都要努力配合一下，當中試過很多不同方式：寫短文、拍短片、拍照、個人分享等……

說真的，過去兩年我覺得做社交媒體簡直是一份苦差！曾想過不如索性刪除帳戶，頂多沒人知道自己的教學工作，頂多把教學工作放下，出去找份工作算了！

心知這些晦氣想法只是一種逃避方式。直到近日跟一些老朋友聊到這話題，她們非常老實地回饋。我發現原來自己沒有用心經營，他人是感受得到的（雖然助理們非常用心，但我沒有很用心）；原來，他人會感受到客套說話並非出自真心；原來將社交媒體假手於人，他人是知道的。

「媒體困難」讓我陷入一個自我認同危機：究竟在媒體世界的我是誰？媒體世界的我跟本然的我好像沒有一致性，外在的不一致其實反映著內在的不一致。我問自己是什麼導致這種不連貫，原來是因為我害怕。我害怕將自己最自然的一面呈現出來，我害怕他人不接受，我害怕自己跟他人不一樣，我害怕收到很多負評，變成箭靶。

一直以為因為修行，所以練習遠離社交媒體，但原來更深層的，是害怕面對他人對自己的想法。老朋友問：「其實你喜歡閱讀自己分享的帖文嗎？」我從來沒有以這個角度想過。我一直只是努力地做些以為他人會喜歡的東西，卻從來沒有問過自己喜不喜歡！怪不得整個過程都感到舉步難行！

原來我不需要用社交媒體來取悅他人。媒體只是個人的延伸，是近代的一張「動態卡片」。

雖然這個「媒體的我」只是一件衣服，但要在二十一世紀的色境行走，社交媒體還是要做好。從這個過程中，我發現每一則帖文都反映著我是誰：我想成為什麼人，我不是什麼人。

感恩社交媒體，它讓我更深地了解自己。

02

無分別心的教學

當老師第十六個年頭了。回頭看這段教學路途，看到自己認真地修煉同時，也提升了教學質素。本身比較自卑的我，剛開始教學時，希望透過努力來換取學生的愛戴。還沒接觸禪修前的我，不懂得觀察推動身口意背後的習氣。那時的教學方式非常嚴格，希望能幫助他人改變，但卻常讓人感到無形的壓力。

經過多年的觀照，慢慢開始將改變他人的想法，變成「做好自己就夠了」。那時，教學質素變得相對穩定，亦減少因為他人的想法而令內在有起伏。

回顧這十五年間，害怕不被接納的習氣最影響自己的教學質素。七、八年前剛開始到日本教學時，以往自己及同學在日本留學時所遇到的排華體驗再次浮現，很擔心自己因為華人的身分而不被認可。有次跟友人談及這憂慮，她問：「究竟是他們真的不喜歡你，還是你自己覺得他們不喜歡你？這個『不喜歡』是出自你、抑或他們？究竟是你不給他們機會？還是他們不給你機會？」這個問題給我一個當頭棒喝，讓我看清楚原來分別心來自自己！因為有了分別心，自己會有所保留，不允許最純然的交流發生。因為交流並不自然，所以就顯得「有問題」。有趣的是，自那天起，在日本的教學開始變得順利，學生人數亦因此增加。

幾年前，我被邀請到香港大學擔任佛學輔導碩士課程的客席教師。害怕不被接納的習氣又油然而生。自問不是一個佛學研究生，只是一個很認真修行的人，要站在那群優質、高學歷的學生面前授課，表面害怕自己的學歷不足，但其實對自己的智慧不夠信心。

每一年，我努力學習如何調整教學方法，希望能對應到學生的需要。今年已是第四個學年，我覺得是時候跨過這份自卑與恐懼：「雖然無法控制他人對我的看法，但身為一個老師，至少能做到無分別地分享，這才對得住自己、對得住學院及學員。雖然我不知道內在的智慧能否幫助這群學生，但我必須承認這些智慧曾為我和很多瑜伽學生帶來莫大幫助。就算我不相信自己，至少都要相信智慧本身。」今年我下定決心不再花時間猜測他人對自己的想法，只專注做好自己，不隱藏，說該說的話，分享我覺得對自己、對他人有用的課題就足夠。

結果今年是在香港大學任教裡，教得最舒服、最到位，同時收到最多正面回饋的一年。

原來，做人也好、教學也好，我們雖沒辦法控制他人的反應，但只要無分別地用心對待面前一切人事物。盡了力，要來的就讓它來；不來的，就先放過自己吧。

其實一切都很好

很多人接觸身心靈的目的，是希望得到一份身心自在的感覺。過程中需要療癒過往的傷痛，或者改變某些錯誤的認知。的確，當人慢下來、靜下來時，潛藏的記憶（不論是畫面、感覺、身體感受等）會一層一層地浮現上來。其實不同的療癒方法，都只是希望讓自己保持一個開放而包容的態度，讓過程慢慢地發生，而每個人所需要的時間都不一樣。

浮現出來的感受越是沒有被阻擋，它們就離開得越快（所以我們需要培養對身體及呼吸穩定的觀察）。當強烈的感受、念頭或情緒離開後，所謂的療癒已在不知不覺間發生。

熟悉這個過程的朋友不難發現，其實當每一刻（譬如在坐禪時）有任何感受時，我們只需要認知、接受，安住於當下的呼吸，或者手頭上的事情就可以了。

從這個角度出發的話，其實並沒有所謂療癒的動作。若果沒有「療癒」這個動詞，那「療癒」是否就只是一個名詞呢？

無論遇到什麼狀況，我們只需要好好地面對它：覺知到這個情況在跟前，不壓抑、也不誇大地認知到狀況的本身（這就是坐禪的練習之一！）。若能做到這一步，那已是事半功倍！

能夠面對事件的發生後，下一步就要練習接受它。很多時我們不自覺地用各種方法，來排斥或抗拒事實的本然狀態。佛陀傳授了不少方法，讓我們更容易去接受事實：包括感受身體的感覺、感受各種念頭、感受各種心念狀態、感受行為背後的意圖，以及感受意識的狀態等。透過投入感受，邏輯思維會慢慢靜下來，內心就會慢慢開始接受這些感受和體驗。

光接受是不足夠的。很多狀況都來自無意識的投射，繼而會不斷重蹈覆轍，即所謂業力。若果不善巧地調整，就很難有轉化的機會。此時，就要練習處理它了。所謂處理，就是在每一刻的身心能力範圍內盡努力，守好自己的身口意。有覺知地回應當前的狀況，這樣每一個回應就會變成每刻因緣際遇中最好的回應了。

既然盡了一己之力去調整，結果如何呈現還要視乎其他的因緣和合。所以，處理完就要放下對結果的執著。若果不放下，心就會仍然被煩惱纏繞。

推而廣之，其實每一刻無論遇到什麼狀況，困難與否，我們都只需要重複這個練習。若果練習的方法都相同的話，到最後還會有所謂的「困難」、「傷痛」嗎？

「本來無一物，何處惹塵埃？」生命本是一場體驗，有高即有低，兩者本質都是體驗而已。

其實每一刻都很好，並沒有任何問題需要處理，也沒有任何傷痛需要療癒。我們只需要好好地生活就可以了。

輕鬆背後的努力

一直覺得自己沒有繪畫的天賦，只能夠畫火柴人。最近因為兒子開始上繪畫班，我也跟著一起上課。

開始時跟老師說我想學素描，老師就從正規的基礎技巧開始。雖然第一堂只畫了九個方格，但可能因為新鮮，所以覺得蠻有趣的。第二堂畫了立體正方形，我留意到自己上課時不斷地看時鐘。比起兒子，我更希望快點下課！回家思索原因，發現自己固有的習氣就是覺得一切要從正確的基礎方法開始。其實到了這個年紀，畫畫只希望能陶冶性情，太在意結果反而會抹煞學習過程中產生的樂趣。

第三堂課時，我不好意思地跟老師解釋其實自己最想學水彩畫，但聽聞水彩比較難，加上自己沒有任何繪畫基礎，所以才覺得「應該」要從素描開始。然而勉強跟著這個「應該」，反而很快失去學習的動力與喜悅。這位非常有經驗和同理心的老師立即回應：「沒問題，那我就不提供太多意見，讓你輕鬆學習。其實可以直接開始學水彩畫啊。我們可以有時學習技巧，有時做好玩的，最重要的是享受過程。」感恩老師的彈性配合，我感到那份愉快的心情頓然又回來了！

習氣果然隨身。第一堂覺得好玩，但到了第二堂，自我挑剔又來了。我怎樣畫都覺得自己畫得不好，令我沮喪無比。老師示範的一筆看起來多麼輕鬆簡單，但對我來說卻是力不從心。老師耐心地說：「慢慢來。水彩需要慢慢拿捏水量、顏色、畫筆以及紙之間的關係。」

「拿捏」就像坐禪一樣，不只是死板地運用技巧，而是要慢慢揣摩努力與放鬆、專注與放下的平衡。剛好這幾天看到網球巨星費達拿的一席話：「我必須非常努力，才能讓一切看起來都很容易。」其實老師的一筆是幾十年來累積的經驗，表面雖看似輕鬆，但背後費了不少工夫啊！

雖然從每堂的畫作中都看到自己不足的地方，但當我將畫作放遠一點，不只是看著那些瑕疵，其實畫得比想像中好（至少好過火柴人）。同時，當我將每堂的畫作比較，我發現都有不少進步的地方。整體來說，技巧是慢慢地穩步上揚的。

這讓我想起，其實日常的正念修煉也如是。如果我們只聚焦不善巧的地方，我們只會覺得自己不夠正念。但若能夠退後一點，我相信大家比起一年前、兩年前，甚至剛開始禪修時，都已經進步不少。

跟繪畫一樣，我們只要透過日常練習，好好明白自己的身體、感受、想法、情緒及意識的運作，慢慢學習拿捏取與捨之間的平衡就可以了。

放下的力量

人生一定會遇到大大小小的恐懼。每個恐懼背後都有一個共通點：怕失去控制。若大家嘗試回想過往，當遇到不能控制的大事件，你不難發現其實事件本身並不是那麼可怕，最可怕的反而是發生前帶來的感覺。原來控制不到的事情並不可怕，最可怕的是控制不到的感覺。

這是一個很好的消息，因為原來嚇人的恐懼只是一個無形的感覺，並不是真的！

每一刻所遇到的體驗都是不同的「果」，譬如事情的狀況、身體的感受、想法及情緒的產生、意識狀態的轉變等。佛陀教導我們，要放下對「果」的執著與控制，那就是放下想要調整或改變此刻體驗的心態，學習無條件地接納事情如是般發生（它的確已發生，大部分時間只是我們不接受現實而已）。不少人的頭腦能接受，但不能面對事情為自己帶來的感覺。其實我們也非常需要學習接納與放下這些感覺。

細心觀察，無論對一件事有多不滿，表面的排斥感都隱藏著很大的黏著與執著。當不斷想透過做些什麼來去除不滿，暗地裡就會強化對不滿的排斥。明明知道此刻並沒有什麼可做，但內心總是希望做些什麼，是因為我們對「要解決」上了癮！

我們害怕放下，因為覺得放下之後，問題就無法解決。但其實是一個錯誤的理解。放下讓我們不再與控制不到的無力感對抗，因為在對抗的過程中，我們同時也排斥它的健康面向，即能力感。佛陀告訴我們：感覺，如同一切現象，都只是過渡性及暫時性。當放下對抗心態時，這些感覺不會再滯留於心中，也終於可以順利離開。

當真心放下對「果」的控制，不再嘗試用任何方式去調整或改變，此刻你就能收回與事實對抗的力量，將力量放在此刻有能力、有把握的地方。

因為放下，你不再只看到「沒有的」，而可以看到「已有的」。

因為放下、謙卑，對自己、對他人的尊重也油然而生。

因為放下，你終於可以腳踏實地，面對現實。

因為能夠面對現實，有了一份願意、誠意與謙卑，你會開始遇到不一樣的可能性。

多安住呼吸，學習感受在身心流動的感受、想法、情緒及意識狀態。在觀察時，放下任何標籤、分析、命名、想要改變或嘗試理解的想法。讓感覺只是感覺，不要想太多而把它變成一個概念。

放下，讓我們變成生命的管道，讓感覺在身心自然舒暢地流動。

堅毅與放鬆

早陣子教授師資訓練時，與學生講解有關脈輪（chakras）與身心的影響。談到第一脈輪（海底輪）與身體的關係，譬如對身體的歸屬感、整體的安全感、與身體的連結等。

我告訴學生，我還在學習如何增加與身體的連結，因為在這方面仍有很大進步空間。有位學生聽到後，覺得很詫異：「你會做運動、練瑜伽，過著很健康的生活與飲食方式。你是怎樣與身體失去聯繫呢？」

我思索一陣子，但想不到實際的例子。我花了幾天留意自己，有很多驚人的發現，包括餓的時候不吃：譬如下午五點肚餓，覺得吃了就沒胃口吃飯；飽的時候不停口：因為覺得自己很瘦，要增磅；冷的時候不穿：我從小在加拿大生活，雖然只有十二度，當地人六月就已經開始穿短袖。我不希望自己是唯一一個穿外套的人，所以勉強自己穿短袖，慢慢養成不喜歡穿外套的習慣；熱的時候不脫衣：為了跟隨潮流，冬天就要穿毛衣，但香港的冬天並不冷；不吃喜歡的食物：因為覺得不健康；勉強吃不喜歡的食物：因為覺得健康；疲倦但不休息：每天一定要早起坐禪、練瑜伽。

當我看到以上種種，我驚嘆：「天啊！怪不得我不喜歡吃東西！怪不得一直那麼瘦，怪不得吸收不良！原來我一直沒有好好聽從身體的訊息，只顧著要做好『應該』的事，失去與身體的連結！」

雖然與身體脫軌並不是好事，但造成這個狀況是因為我其中一個「長處」：堅毅的意志、做人太有規律以及持續到底的心態。我想著一定要吃得定時，一定要保持良好的形象，一定要吃得健康，一定要定時練習。矛盾的是，練習的初衷是與身心產生連結，但太執著技巧，就會錯過本身的主旨。

這發現讓我回想起，凡事要記得初衷，這樣我們才可以找回生命的中道。堅毅是好事，但太過火的話就變成執著、變成傷害；太顧著自己感受，就會被惰性或情緒牽引。

堅毅與放鬆，沒有好壞，只有適不適時、適不適合。因為無常，每一刻的「適合」都不一樣。培養出純然的覺知，就是找到平衡的關鍵。

沒有，也是一種福氣

最近想多生一個小孩。留意到自己一直有著使命必達的習氣；當決定好想做的事時，總會想一步登天。但自從第一個孩子出生之後，我學習到很多事情都要看緣分，不能一廂情願，尤其是生小孩。

從懷孕到現在這三年多，感恩兒子讓我發現，原來幸福、豐盛一直都在，並不需要等到我得到某些東西後，才可以快樂。

看著兒子日漸長大，更讓我看到每個人、每件事都有自己的步伐，一切都急不來。當時間對了、人物對了、條件對了，要發生的就會發生。

前幾天在升降機遇到一位鄰居，她剛剛生了第二個兒子。我跟她分享說：「我們都在嘗試，希望能有多一個小孩。」鄰居回應說：「這真的要順其自然。」我非常同意她的說法，回應：「能有多一個是福氣。就算沒有，都是福氣。」

很有趣，這句話就好像是上天透過我的嘴巴說給自己聽。這句話令我感觸非常，瞬間腦海浮現很多以前處事的畫面。

以前我覺得世上無難事，只怕有心人。我常覺得自己不夠聰明，所以事事都以將勤補拙的態度面對，凡事出盡百二分力，甚至連彎曲的都想透過努力變直。無論在關係上、工作上、人事上，我都一成不變地要做到最好，相信只要透過努力，就必定得到我想要的，譬如取悅前男友的媽媽、努力讓公司看見自己的付出、要求先生改變做事模式等。以前覺得沒什麼問題，甚至會以這種超人的毅力感到自豪。

那些年覺得「有」才是福氣、才算是成功。我完全察覺不到要把「無」勉強變成「有」所需的代價：我失去內在的平安、喜悅、自在、自信，和對人對事的信任，同時製造了很多不必要的憤怒、沮喪、失望、自我懷疑、傷痛等。說真的，這些負面體驗主要來自我不接受事實，跟「有」或「無」無關。

回頭看，其實這種拚搏精神讓我疲憊萬分，事事都用猛力去「扭轉命運」，是那麼費時失事。修行了十年多，才發現原來順著生命的流動走，是那麼自在，那麼輕鬆。

當強行將「無」變「有」、勉強挽留該離開的，就算得到了，也沒有因此感到幸福。甚至因為害怕失去、怕保持不了，反而變成一個詛咒、一個枷鎖。

勉強挽留會虛耗心力、損人不利己。太在意「沒有」的話，會讓自己錯過身邊「已有」的幸福。放手雖然會失去某個狀態，卻可以換來另一個可能性。

有，是一種幸福；沒有，都可以是一種幸福。

見仁見智

不同人對同一件事可以有不一樣的看法：

「這位老師很謙卑，不斷進修。」

「他對自己的信心不足，所以不斷要往外尋求知識。」

「他很清楚自己的需要。」

「他要求太多，太麻煩。」

「他的毅力真的讓人敬佩。」

「他太執著。」

從小到大，我都很在乎他人的感受、希望能為身邊的人帶來快樂。每一件事，我都希望滿足他人的要求。我會努力取悅爸爸、取悅老師、取悅朋友。在讀書的時候，這個方法還蠻行得通。任何事只需要努力，就可以得到他人對我的讚美及認同。但是，當開始進入社會、與人共事後，發現這個「努力取悅，得到贊同」的方法好像沒有那麼管用。有時無論怎樣做，不足的地方、不喜歡自己的人還是會一直存在。

修佛法幾年，才開始發現努力取悅他人，背後來自深層的自我批判與自卑感作祟。若能得到他人的贊同，就代表我被認可、我很OK、我夠好的。矛盾的是，收到正面的回饋時，心中的自卑感頓然變成自傲。又會因為覺得自傲並不是一個好的特質，所以因此責怪自己。繼而又開始新一輪的自卑感、挫敗感、被贊同、自傲、自我批判的惡性循環。

我慢慢發現，每人的家庭文化背景、生命體驗、性格、取向都不同。每一個人有著獨特的世界觀，沒有一個世界觀是完全一樣的。亦因如此，在世上生存的每一刻都要面對不同人的不同觀點，我沒有能力去改變他人的世界觀。

若果取悅他人並不實際，那我可以選擇放過自己，不再透過他人的贊同來定義自己的存在價值。

以前我很介意他人對自己的評價，也發現有很多朋友跟我一樣，因為害怕他人的意見，而不敢跟著自己的想法而行。「難道你覺得這一刻沒有人在背後談論你嗎？」以前曾有一位朋友反問我。真的，世界那麼大，我可以肯定這刻有人喜歡自己，也有人不喜歡自己。既然做什麼都會有人喜歡，有人不喜歡，倒不如專心做好自己，至少我會喜歡這樣的自己。需要時作反思，反思結束就放下吧！

禪修培養我們對當下的覺知，讓我們清楚每一刻的選擇，知道每一刻身口意背後的原因，知道每一刻只要盡了當刻能力範圍內的努力，人就可以釋懷。若果做了錯誤選擇，沒關係，可以重新選擇。只需要從錯誤中學習就可以了。

每一個人做每一件事，背後有著不同的意思、不同的原因。無論做到、做不到，我們都可以超越自卑感、優越感以及同等感。

一切由心造，一切見仁見智。

超越生與死

上星期進行了一個為期七天的瑜伽佛學師資課程。課程講解涅槃是超越生死，同時與事實共存的生命流動狀態。

有位學生聽到涅槃後還是需要「繼續」，她感到非常失望，因為生生世世努力追求後，還是沒有停下來的一天。的確，很多人會追求離開輪迴，因為這樣就可以斷絕一切苦痛。但其實所謂「離開」並不是我們所想的，從一個地方到另外一個地方。

舉個例子會比較容易讓大家理解。我問班中的同學們：「請問有哪位同學非常嚮往自己的工作？」當中有三分一舉手，我抽問其中一位。

「請問工作時，你覺得你在工作嗎？」我問。

「不覺得。」他爽快地回答，眼神充滿熱誠。

「那你工作時，究竟在工作還是不是在工作？」我反問。

「我不在工作。」他想了一下。

「工作的定義為『謀生的方法』『一種用來賺錢的生活方式』，你的工作也符合吧。那你究竟是在，還是不在工作？」我繼續。

看到他眼睛左右轉動，不斷嘗試找出答案。

「我會說你既有工作，但同樣沒有工作。因為你雖然表面上在工作，但體驗上並沒有『工作的感覺』。對此你認同嗎？」

「嗯，是的。」他覺得很有趣。

「那你不就超越了『工作』與『非工作』嗎？」

他的眼神顯得更明亮，好像明白了一些重要道理。

這就是涅槃的例子，一個超越有或無、生或死的狀態。表面上一切並沒有差，但實際上，或者體驗上就很不一樣。涅槃從來都不在於改變外在，而是達至內在脫變的境界。

當你嚮往工作，其實你已經不是在工作；同樣地，當你深入地接觸生命本身，你已經超越了生與死。

其實，修行的目的不是要離開什麼地方，不是找到一個修行者的退休生活。生命河流一直流動，我們離不開它。不過，若果我們能夠深入接觸每一個當下，深深體會當下每一刻的美妙，當生活能夠順著生命河流走，每一刻盡自己身心範圍內的努力，其他就可以放下。這樣，生命本身就是一個奇跡。

見佛殺佛

在最近一個八星期的師資課程中，我們探討空性、真如（實相）以及無我。在課程最後一天，我問學生一個匪夷所思的問題：「大家似乎對佛陀的教導深信不疑，但請問你可以肯定佛陀真的有出現過嗎？你可以肯定佛陀的教導是真的，而非一個神話？」

大家睜大眼睛，不敢相信這個問題。剛好有法師來聽課，我繼續問：「大家怎知道你下定決心跟隨的佛陀，及佛陀的教導是真實呢？那些告訴你有體驗過涅槃的人或經文，你又如何核實當中的真確性？若果我們不能夠證實的話，那我們跟一群心甘情願的烈士有什麼分別？我們到底在幹什麼呢？身為佛弟子，我覺得這是一個值得深思的問題。不是因為你對佛陀不恭，而是因為你認真想成為佛弟子。」

在八個星期的課程裡，大家慢慢對佛陀的教導抱有敬重、欣賞及謙卑的心。但被我這麼一問，很多同學像當頭棒喝似的，受到重擊。

我再問：「若果我們沒有一個人能夠確認佛陀的真確，也不能確定他人涅槃的真確。那我們依靠什麼來知道自己走在正道上？」

有同學大聲回答：「靠自己！」

我反問：「既然沒有『我』，那要如何靠自己？」

另外一位同學大聲回答：「真如！」

我回：「很好！那什麼是真如？」

因為大家上了很多天的課，一直探討「真如」是什麼，所以大家一起大聲起哄：「就是這樣！」

我再問：「如果真如是『就是這樣』，那代表什麼？我們如何利用『就是這樣』去確定練習對自己有幫助？」

大家開始靜下來，好好思考。

等了一陣子，我再說：「真如『就是這樣』，不就是『每一刻的體驗』嗎？」

大家的眼睛又開始亮了起來。大家都多了一份理解。

「是啊，我們不能確認佛陀到底有沒有存在過，也不能確定經典的真確性。不過這都不重要，因為空性、無我、真如一直都在。這些宇宙法則存在於每一個現象中每一個瞬間裡。只要用心感受每個瞬間，你就會看到空性、無我、真如。這樣，每個瞬間不就變成一個回饋嗎？培養正念、正定、正精進，覺察每個瞬間的貪瞋癡指數，你自然會清楚身口意有沒有需要調整的地方！所以就算不能確認佛陀和經典的真確性，你的體驗就是最好的老師！佛陀叮嚀我們，不要盲目地跟隨祂。我們把祂的教導帶到生活裡應用，透過自身的體驗來認證祂的教導。雖然還是要閱讀經典，但將它們視為參考，讓它們幫助自己鞏固對無常、無我、空性的認知，不然就會被經書的概念綁住了。」

凡事以中庸之心去做，適時改良、適時反思、適時確認自己。每一刻盡自己能力範圍內的努力，練習不執著結果。盡了力，其他就放下吧。

隨順而行

每個生活難題背後，都有一個讓智慧增長的機會。

上個月兒子連續發燒七日，當中有四天更高達四十度。那段時間除了帶兒子穿梭於不同醫者之間，也要照顧他因為身體不適而產生的情緒，晚上也要定期觀察狀況。經過這樣日復日的照顧，不久我也開始發起燒來。

當時距離一連十二日的師資培訓還有一個星期，我覺得應該有足夠時間痊癒。怎料幾天後，連身體最強壯的傭人也發燒了。在照顧兒子、照顧自己、準備課程及處理家事中難以找到平衡，因此身體的痊癒速度未如理想。

師資課程是我最嚮往的教學之一，因為能與學生們連續相處十多天，可以有更深的認識與交流，每次都會被同學的轉化深深感動。話雖如此，連續十多天的講課，每天九個小時，對身體來說絕對是一個挑戰。

這次重病初癒，面對十二天的課程，感覺有如裝備不足但要攀登珠穆朗瑪峰般吃力。課程開始前一天，我感到身體真的無法負荷多天的教學。從身體角度，我知道延遲課程是最理想的決定。不過課程有二十多位學生報名，當中有人一年前報名、有人從外地專程回來上課、有人需要提早跟公司請假，所以要延遲課程絕對有不少需要考量的因素。

雖然延遲一天開始課程，但第四天開始失聲。在沒辦法的情況下，唯有再次延遲課程。

感恩遇到不同醫者，休息兩天後聲帶恢復了一點，課程又繼續了。學生們與我都理解到，身體是無法強迫的。所以大家唯有一天一天，見步行步地繼續上課。到最後，究竟上到第幾天、要補課多少天，大家都已不再擔憂，只是各自做好本分。

就這樣帶病完成課程，最終只耽擱了兩天。感謝

科技的發達，國外的同學可以在網上繼續完成課程，不能上課的也可以收看錄影。雖然有點不便，但不至於受到太大影響。

回想以前，若果遇到類似情況，我必定會有很多自責。這些自責不但不可以幫助面對困難，更會增加我的身心壓力。以前覺得見步行步是一種消極的做法。感恩修行，讓我明白原來能安心地見步行步，絕對是一種智慧。

若果每一刻都在身心能力範圍內努力，同時學習接納身心的限制，就可以幫助我們安心地見步行步。這不就是回到每一個當下嗎？

其實做人能隨心、盡力、隨順，就很好了。

12

小盆栽，大智慧

記得從小到大，每當嘗試種植小盆栽，都落得枯枝敗葉的下場，所以我一直對栽種都不太感興趣。直到去年，我希望家裡能多一點綠色生氣，所以再嘗試買一兩棵較容易種植的小盆栽回家。

這個水種小盆栽，來到家之後不斷茂盛地生長，還生出幾個小 BB！可能因為生長速度快，很容易就看到它的轉變，讓我發現小植物如小動物一樣有趣。我過一兩天就去看它，也會跟小葉子說說話，觀察它的生長情況。這可以說是四十年來，我花了最多心思栽種的植物。很快地，本來的花盆已經太小了。我想幫它換一個花盆，從水種變成在泥土種。

三星期前，小植物被換到泥土裡去。我一星期後

去看看它，確保它無恙。兩個星期後再看，發現它的葉子變啞色，失去光澤。看著它，我莫名地感覺它好像一隻小動物。因為習慣的居住環境突然轉變，它有一種正在躲起來的感覺。我跟小盆栽說：「你一直生長在水裡，突然換成泥土，一定會覺得害怕、不習慣。慢慢來吧。不過這裡是安全的，當你準備好的時候，可以出來探索一下！」

有趣地，一兩天後再看它，它竟然沒有像之前一樣躲起來，反而有一種願意慢慢打開的感覺。再過一兩天，我發現它長出三塊很小很小的葉子。我摸了摸小盆栽的葉子，說：「哇，你感到安全，終於出來探索了！歡迎！」

這棵小盆栽經歷了那麼大的轉變，花了約兩個星期保持休眠的狀態，慢慢覺得安全了，才再次生長。這點讓我反思自己，當我在生活的不同層面中經歷種種轉變時，我有沒有像小盆栽般，給自己一個「不需要生產力」的空間及休眠的時間呢？我發現原來很少。就算給自己休息，都只是一兩天的時間，之後就會要求自己盡快努力適應。

自然界是一位大智者。小盆栽因為環境的轉變，容許自己慢下來適應；身為人類的我們，雖然也是自然界的一部分，卻跟自然界的節奏背道而馳。當小盆栽處於休眠狀態時，它不會對自己有任何要求，只是讓自己安靜地待著。反之，當我們經歷轉變時，因為不適應而產生種種情緒及感受，卻忘記要照顧自己，甚至強迫自己要快快好起來。

其實若我們能像小盆栽一樣，給自己休眠的時間，我們應該可以更快地適應過來。

感謝小盆栽的大智慧：當遇到轉變的時候，我們可以讓自己慢下來，不一定要作出即時的轉變。包容自己當下的感受，照顧當下的需要，那就夠了。

13

好、壞？誰知道？

疫情後一直希望可以再次向身處美國的脈輪老師學習，因為她老人家已經七十多歲，可以跟她學習的機會買少見少。半年前發現她剛好在二月中有個工作坊，湊巧我也有檔期，就二話不說報讀了。

自兒子出世後，加上疫情以及離婚，我約七年沒有獨自外遊。難得同期前夫會帶兒子到日本遊玩，我就可以善用這十天假期，順道遊歷美國，譬如位於中部的大峽谷。出發前五天是大年初一，一早起來便收到主辦單位的通知，由於天氣寒冷導致場地的大樓水管爆裂，整棟大樓需要緊急維修一個月。所有課程即時取消，款項也一併退回。

從小到大都不嚮往坐長途機及前往寒冷國家的我，

雖因為課程取消而感到失望，但因為可以免去體驗零下九度的氣溫，免去坐長途機和轉機而鬆了一口氣。得知課程取消後，我立即嘗試取消整個行程及安排退款，包括五程機票和三個地方的住宿。感恩大部分款項都可以退還，但拉斯維加斯（到大峽谷的必經之路）約七千元住宿卻不能退款。雖然款項不少，不過也不想因為要入住，而強行坐十多個小時飛機，及在寒冷天氣看大峽谷。

難得有這個空檔期，我決定為自己安排一個最滋養身心的假期。我最後選擇最喜歡的峇里島。在花多眼亂的度假村中，我找到一家專為女性的身心靈健康而設的度假村。報名時客服通知我可以享有最後的報名優惠，省下來的錢剛好補貼拉斯維加斯住宿的款項！

整個旅程中，我感到被滋養。我發現，原來很久都沒有這樣照顧過自己。比起上課，原來這才是我此刻最需要的。這個「被安排」的假期不但比原本預計的開支節省了約一半，得到的更有過之而無不及。

回程當天，在候機室的一家餐廳用膳時，我偶遇一位作家。大家十年前因為一同出書，因此有過一面之緣。大家都覺得能在峇里島遇到，實在是太不可思議，就決定一起午膳。我倆非常投契，無所不談。然而準備登機時，廣播通知飛機故障，需要緊急維修，登機時間需要延遲三小時半。感恩遇到這位「新朋友」，我倆就這樣輕鬆地花了半天來分享大家的人生、困難與靈性追尋。雖然最後凌晨兩點才回到家，不過一切都是最好的安排！

回想起整件事，一切因為不同的因緣和合而改變。有時覺得倒霉的事情，原來可以帶來不同的驚喜；有時覺得好的事情，卻反而帶來阻滯。如阿姜布拉姆說：「好、壞？誰知道？」

這個旅程讓我看到，凡事盡力過後就順流而去。順著因緣，它必定會把我們帶到最適合的地方！

14

如夢幻一般地搬家了

因為需要搬離舊居，近半年都一直在找房子。這段時間尋尋覓覓，過程中我看到自己心急的習氣。因為心切，明明是不適合的地方，我都會設法思考如何配合房子，而不是讓房子配合我。這是從小到大的習氣，明明遇到很多不合適的事情，我都會設法屈就，讓事情可以順利完成。但因為勉強，所以就算做到了，都會有種牽強、不自在及埋怨的感覺。這過程讓我有很多反思的機會，去認識什麼是真正需要的，有什麼是可以放下的。我也慢慢學習與未知的恐懼相處。當時機未成熟時，學習慢下來，等待適合的因緣際遇。

上月中，我剛完成十二天的師資課程，翌日就遇上理想的家！這個地方簡直像度身訂做一般理想，而且租金也合乎期望。原來遇到適合的地方，感覺是那麼不一樣！我一點猶豫都沒有。這讓我反思到，原來以前猶豫的時候，其實是一種不合適的訊號。

現在回想起來，過程都如有安排。由找到新家，到簽約、收拾、搬家、拆箱、安頓，只有五星期時間。湊巧是復活節假期，兒子可以跟爸爸去玩。同時間已安排好的教學活動，也因為不同原因需要改期或取消。一切因緣讓我可以全程投入整理及安頓新家。

說真的，如果兩年前沒有離婚，那就不用搬家。雖然這兩年的過渡期並不容易，但走得相對有力量。雖然遇到那麼多恐懼、未知和不懂的地方，但為什麼我沒有像以前一樣退縮？

我發現，原來當一件事是我非常有意識去做決定的話，只要弄清楚決定背後的意圖，理解是否一時之氣、釐清大方向，並思考希望培養什麼內在品質，有否自利利他，力量就會出現。就算過程艱辛，那只是短暫的勞力，內心是不痛苦的。因為真心想做，就算遇到困難，也能夠較容易從無力感轉換成學習者的心態。

當心態轉換了，就只需好好地走每一步。走著走著，問題就迎刃而解。換著以前的自己，因為心裡有苦，所以做什麼都是力不從心的。

這個尋家、安家的體驗讓我學習到順勢而為，好好與「心急」相處。同時也學習到待恐懼安頓後，聆聽並跟隨一直存在的內在聲音。同時，今日的事今日做，明日的事明日做，每一刻在身心能力範圍內盡力。能力不足時，學習停下來，好好休息。

很感恩，真的很感恩。現在可以來準備迎接，今個週末開始為期十天的師資課程了！

15

交託給神

我是在一個基督教背景的家庭長大。自小時候，每週就去教堂、上主日學、崇拜，聽關於神以及耶穌的故事。以前常常聽到神父或教友說：「將一切交給神，特別是遇到困難的時候。」小時候我不明白，心想：「若果什麼都交給神，那自己就不用努力嗎？」我總是覺得就算相信神，也不等於可以不負責任，什麼都不用做。我對基督教實在有太多不理解，長大後決定再次選擇自己的宗教。佛陀的教導令我產生迴響，所以二十多歲就「轉會」，皈依佛、法、僧。

緣分就是那麼有趣。因為佛陀教導的空性及因緣法，讓我越來越理解以前在教會所學的教義。因為因緣法，我看到個人的能力其實很有限，一切唯有盡自己的能力，放下對結果的執著。結果除了個人之外，也需要視乎每刻的因緣和合。慢慢我開始習慣每刻都盡力做好自己的本分，其他就隨緣。

有次聽到朋友分享他的故事，讓我對業力及因緣法有更深的理解。這位朋友剛跟太太結婚不久，我問他有沒有生育的打算，他說應該不會那麼快計劃生小孩。怎料一個月後，我得知他的太太懷孕，甚至懷上雙胞胎！後來才了解到，原來他的太太希望懷孕，所以暗中沒有做避孕措施。小孩出世沒多久，兩人的關係嚴重破裂，不久就決定分開。分開不久，男生交了新女朋友，女朋友與兩個小孩相處得很好，他們也就這樣同居了十年多。男生因為過去的遭遇，當然希望只同居不結婚。但女方已經三十多歲，亦是一位非常出色的女性，她當然希望能成家立室。男方明白女方的想法，亦不想辜負她過去十多年來的陪伴，所以為了女方，男方選擇再次踏上婚姻之路。單從男方角度來看，一個單親爸爸帶大兩個小孩，經歷了社會事件、新冠肺炎的四年，小孩準備升中學，終於可以鬆一口氣的時

候，女方卻希望生一個小孩。因為女方已經三十多歲，亦不難理解她的渴求。縱使雙方真心喜歡大家，但大家的際遇卻會在業力上產生一個潛在對立面，身為旁觀者的我真的覺得左右做人難……

朋友的故事讓我理解到，有時就算能洞察潛在問題，都未必能夠完全避開。唯有在每一刻做好自己，其他的，就只能順其自然。

我開始明白基督教所說的「交託給神」，意思不就等於交託給因緣際遇嗎？

願我們每刻都在自己的身心範圍內盡力，探索自己的可能性，同時尊重自己的限制。願我們的身口意都對應自己與眾生的最高真善美。其他的就放下，交託給因緣吧。

16

給年輕的我的一封信

Janet：

你好。有很長時間，你怪責自己沒有聆聽內在的聲音，導致遇到不少困難。有很長時間，我都不明白為什麼你沒有聆聽自己，但現在我好像開始明白了，因為原來你很害怕……

你很怕得不到愛，即使知道某些關係令你不舒服，但至少讓你有保障。

你覺得自己並沒有能力，所以不敢依靠自己。

你明知道某些關係很難修補，卻努力維繫著，因為你以為生命就只有這些。

你很努力地討好不喜歡你的人，因為你害怕不被接納。

你很努力地融入朋友圈子，因為你害怕不被接納。

你很努力保持平靜的外表，因為你害怕原本的你不被接納。

你很努力地避免任何衝突，因為你覺得你的想法沒有價值，而且你覺得原本的你是不被接納的。

你避免分享最深層的想法，因為你害怕不被接納。

原來你一直活在這些恐懼之中，怪不得一直被自責、擔憂、抑鬱及低落感折磨。原來你需要的並不是他人對你的認同與接納，而是我對你的接納與認可。是我一直懷疑你的能力與價值，是我一直將你拿來與他人比較，導致你一直活在這些恐懼裡，真的對不起。

其實你一直都是單純、誠實、率直、充滿愛、富同理心、創意以及希望他人快樂幸福的女生。走過那麼長的路，回頭看，每個人都是透過自己的投射去觀察世界。他人對你的想法，跟你本身的價值並無關係。我們只可以對自己的投射負責。以前我覺得只要將你變得更好，你就能快樂起來，但因此強化了不被接納的感受。我只看到你的不足。對不起，現在我終於懂了。

我想跟你說：

你是很有能力的人，請勇往直前，創造你想要的人生！

當你靜下來時，內在的聲音會是很可靠的指引。

當你的初心純正的話，你可以依靠它。

有時的確會遇到難受的體驗，但你永遠都不會真的被傷害到。

繼續好好活出自己的真心，若你的身口意都來自愛，你是被保護的。

你一直都被愛包圍著。

你這樣已經很足夠了。

你可以放下要努力贏取他人認可與接納的追求。追逐認同的時期已過去，你不用再成為怎樣的人，因為這樣的你已經很好了。

請常常保持初心，將自己的身口意對應到自己及他人的最高真善美之上。這樣，無論你去到哪裡，都不用害怕。

要來到這裡並不容易，我為你的努力感到自豪。

Janet 上

生活的修行

JANET LAU —— 著
林曉晴 —— 插畫

責任編輯 林可淇
書籍設計 Half Room

出版 三聯書店（香港）有限公司
香港北角英皇道四九九號北角工業大廈二十樓
Joint Publishing (H.K.) Co., Ltd.,
20/F., North Point Industrial Building,
499 King's Road, North Point, Hong Kong

香港發行 香港聯合書刊物流有限公司
香港新界荃灣德士古道二二〇至二四八號十六樓

印刷 美雅印刷製本有限公司
香港九龍觀塘榮業街六號四樓 A 室

版次 二〇二五年七月香港第一版第一次印刷
規格 三十二開（130mm x 185 mm）二七二面
國際書號 ISBN 978-962-04-5671-8

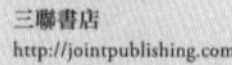

JPBooks.Plus
http://jpbooks.plus